스즈키가의 상자

SUZUKIKE NO HAKO by Mamiko Suzuki
Copyright © Mamiko Suzuki, 2023
All rights reserved.
Original Japanese edition published by Chikumashobo Ltd.
Korean translation copyright © 2025 by DAEWON C. I. INC
This Korean edition published by arrangement with
Chikumashobo Ltd., Tokyo, through Korea Copyright Center Inc.(KCC)

이 책은 (주)한국저작권센터(KCC)를 통한 저작권자와의 독점계약으로
대원씨아이(주)에서 출간되었습니다.
저작권법에 의해 한국 내에서 보호를 받는 저작물이므로
무단전재와 복제를 금합니다.

스튜디오 지브리 프로듀서 가족의
만화 영화 같은 일상
스즈키 가의 상자

스즈키 마미코 지음
전경아 옮김

니들북

鈴木家の箱
스즈키 가의 상자 | 차례 |

프롤로그 006

스즈키 가의 상자 013
〈컨트리 로드〉가 태어난 날 029
초록 마귀할멈과의 만남 047
스즈키 P 패밀리의 시작 065
옥시돌 공방전 087
큰 가슴 탈출기 101
유방 축소술 119
귀찮은 인간관계를 열심히 하면 재미있는 일이 생긴다 143

여신님	163
음악의 신	179
나고야의 마귀할멈	211
어느새 엄마가 아니었던 나	237

에필로그	252
출처	255

프롤로그

어디서 굴러먹던 개뼈다귀인지 모를 내가 쓴 책을 손에 든 여러분에게 먼저 감사를 표하고 싶다.

내가 어디의 누구인가 하면, '스튜디오 지브리'의 프로듀서인 스즈키 도시오의 딸로, 그 덕에 〈컨트리 로드〉(영화 〈귀를 기울이면〉 주제가 – 옮긴이 주)라는 명곡에 일본어 가사를 붙인 복 받은 여자다. 그 후에도 히사이시 조 씨의 곡에 가사를 쓰거나 지브리에서 매달 발행하는 소책자 〈열풍熱風〉에 가끔 글을 올렸다. 최근에는 온라인 살롱을 시작해 그 멤버들과 함께 〈열풍〉에서 좌담회를 열기도 했다. 아무것도 가진 것 없는 내가 이런 기회를 얻을 수 있었던 이유는 아빠의 딸로 태어났기 때문이자 수많은 훌륭한 사람들과의 만남이 있었기 때문이다.

 스즈키 가의 상자

나는 어려서부터 시와 글쓰기를 좋아했다. 아빠에게 물려받은 유일한 능력은 글 쓰는 능력이라고 생각했다. 하지만 그 글이 세상에 통용되는 수준이라고는 생각하지 않아 책 출간은 꿈에도 생각하지 않았다.

"〈스즈키 도시오와 지브리전〉에 마미코 씨의 에세이를 전시하면 어떨까요?"

전시회를 담당하는 대행사 하쿠호도의 직원 고마쓰 도시히로 씨에게 그런 제안을 받았을 때, 나는 어리둥절했다. 그때까지 나는 온라인 살롱에 취미의 연장선상으로 쓴 에세이를 조용히 발표하고 있었는데, 그건 무조건 칭찬해주는 사람들을 상대로 내가 쓰고 싶을 때 쓰는 환경이 편했기 때문이다.

그런데 갑자기 수만 명의 사람들이 보는 장소에 내 에세이가 전시된다니 생각만 해도 토할 것 같았다. 나보다 글을 잘 쓰는 사람이 얼마든지 있는데 인연이 있다는 이유로 그런 엄청난 기회를 받아도 될까.

하지만 이런 기회가 주어졌을 때 나는 거절하지 않으려 노력한다. 거절하다니 내 주제에 무슨. 자신이 없다고 말할 때가 아니다. 누구에게나 그런 분에 넘치는 기회가 찾아오는 건 아니니 주어진 사람에게는 마땅히 해야 할 의무가 있다고 생각한다. 그래서 나는 내키지 않더라도 그 기회를 놓치지 않으려 한다. 지금까지도 그렇게 살아왔고, 후회 같은 건 한 번도 해본 적이 없다.

 *스즈키 가의 상자*

주제를 고민하다 강렬한 캐릭터의 할머니에 대해 써야겠다고 생각했다. 할머니가 이 난국을 헤쳐나갈 수 있도록 도와줄 게 틀림없다. 언젠가 할머니에 대한 글을 쓰고 싶었는데, 아빠의 전시라면 딱 어울릴 것 같았다.

그렇게 쓴 〈나고야의 마귀할멈〉은 감사하게도 각 방면에서 호평을 받았고, 〈스즈키 도시오와 지브리전〉에서 나눠주는 소책자에도 실리게 되었다. 그 뒤로 어영부영하는 사이에 독서 플랫폼 '웹치쿠마'에서 연재를 하게 됐고, 이렇게 단행본으로 출간되는 꿈같은 일들이 일어났다. 솔직히 아직 실감나지 않는다. 그저 이게 할머니의 힘인가 싶어 놀라울 따름이다.

단 한 가지 확실하게 말할 수 있는 것은 이 책은 고마쓰 씨나 책을 만들자고 제안한 기쿠치 다쿠야 씨, 담당인 시바야마 히로키 씨, 살롱 멤버들, 항상 읽고 감상을 말해준 친구들, 모두의 마음이 모여 만들어진 책이라는 것이다.

나 혼자의 힘으로는 도저히 여기까지 올 수 없었다.

그래서 나는 이 책이 모두가 함께 내는 책이라고 생각한다.

나는 옛날부터 인복 하나는 타고났다. 주변 사람들의 도움으로 여태껏 살아왔다. 이 책은 '스즈키 가의 상자'에 모인 사람들이 모여 만든 책이다. 그 안에는 그런 스즈키 가의 상자 속을 엿볼 수 있는 나날이 담겨 있다.

 *스즈키 가의 상자*

독자 여러분도 그 상자 안을 들여다볼 수 있으면 좋겠다.

_____ 스즈키 집안에는 커다란 상자가 있는데, 그 상자에는 즐거운 일이 가득하다.

  철들었을 때부터 스즈키 집안은 사람이 모이는 집이었다. 엄마의 학창 시절 친구, 아빠의 직장 동료, 내 친구들, 동네 사람들. 언제나 많은 사람들이 모여 함께 밥을 먹고 TV를 보고 만화를 보느라 웃음소리가 끊이지 않고 떠들썩했다.

  아빠는 애니메이션 잡지 〈아니메쥬ｱﾆﾒｰｼﾞｭ〉의 편집장이었을 무렵, 60명 정도의 사원들을 우리집에 초대해 파티를 열었다. 다다미 스무 장 크기(다다미 한 장은 약 90cm×180cm - 옮긴이 주)의 거실에 세로로 긴 낮은 테이블 두 개를 놓고 모두 바닥에 빽빽하게 앉아 있었다.

 _____ 스즈키 가의 상자

아빠는 집에 있을 때는 늘 누워서 TV를 보는 편이라 수다스러운 편은 아니었다. 하지만 그날은 큰 소리로 싱글벙글 웃으며 화제의 중심에서 이야기를 하고 있었고, 그 덕에 손님들은 모두 긴장을 풀고 사근사근 즐겁게 담소를 나눴다. 그 안에서는 상사의 입장이었기 때문일 수도 있지만, 나에게는 꽤 인상적이었다.

나는 '회사란 이런 곳이구나, 대가족 같다'라고 생각했다. 척 보기에도 수용 가능한 인원을 넘겨 모인 사람들이 북적거리는 풍경이 재미있어 좋았다.

어린 시절 나는 그 안에 섞여 여러 사람들과 이야기꽃을 피웠다. 그 무렵 나는 펑크록 밴드 블루하츠를 좋아했고, 마찬가지로 블루하츠를 좋아하는 한 아저씨와 날이 새도록 뜨겁게 이야기를 나눴다. 그 아저씨는 내가 가지고 있는 블루하츠 CD를 보면서 한 곡 한 곡 얼마나 멋진 곡인지 열변을 토했다.

지금 생각하면 아저씨는 술에 취해 있었던 것 같다. 〈푸른 하늘青空〉이란 노래를 부르며 새빨개진 눈을 보고 나는 감격해서 우는 거라고 생각했고, 왠지 나도 마음이 뜨거워져 더 열렬히 대화를 나눴던 것을 기억한다.

스즈키 가는 자유롭게 드나들 수 있는 공간이었다. 내 친구들은 우리집 여벌 열쇠를 가지고 있어서 내가 없을 때도 자기 친구를 불러 내 방에서 만화책을 읽곤 했다. 내가 나갔다 돌아오면 친구나 내가 모르는 아이에게 우리 엄마가 야키소바를 만들어 주고 있기도 했다. 그럴 때면 나는 친구의 친구에게 내 방에서 "처음 뵙겠습니다"라고 자기소개를 한다.

이런 이야기를 하면 사람들은 그런 집을 들어본 적이 없다고 자주 비웃는다.

타인과 가족의 경계가 모호하여 뭐든지 허용되는 재미있는 집.

나는 그런 우리 집을 상자 같다고 생각했다. 상자를 보면 가슴이 두근거린다. 무엇이 들어 있을까, 무엇을

 ──────── 스즈키 가의 상자

넣을까, 눈앞에 상자가 있는 것만으로도 상상력이 부풀어 오른다.

나는 아마존이나 라쿠텐 등의 통신판매를 통해 물건을 구입하는 경우가 많은데, 내가 직접 주문한 물건을 거의 기억하지 못한다. 택배를 받을 때마다 '이 안에 뭐가 들었지?'하고 재미있어하며 봉투를 열어본다. 열어보면 '아, 그거구나!'라고 생각하거나 '이런 걸 주문했나?' 하고 갸웃하는 등 매번 여러 가지 놀라움을 경험하고 그 또한 즐겁다.

상자는 나에게 가슴 설렘의 상징이다.

오늘은 누가 있을까, 무슨 일이 생길까, 열어볼 때마다 '와!' 하고 감격할 수 있는 상자.

우리 집은 그런 상자 같은 집이었다.

아빠는 60명을 초대해 파티를 시작하기 직전에 느닷없이 이사 이야기를 꺼냈다. 부모님과 나, 남동생 네

식구가 사는 에비스(일본 도쿄도 시부야구에 있는 지역 – 옮긴이 주)의 맨션에는 거실 외에 방이 두 개뿐이어서 아이들 방을 만들면 아빠와 엄마가 잘 방이 없어진다. 아빠는 사람도 부를 수 있는 좀 더 넓은 단독주택으로 이사할 생각이었던 모양이다.

많은 아이들은 '내 방이 생긴다!', '집이 넓어진다!'라며 기뻐할지도 모른다. 실제로 남동생은 그런 반응이었던 것 같다. 하지만 나는 "절대 싫어!"라고 울부짖었다. 그때 나는 "내가 이사하면 다들 에비스에 모이지 못할 거야"라고 생각했다.

당시 에비스는 개발이 진행되기 시작하면서 오래된 단독주택이 하나둘씩 허물어지고 아파트와 상업시설로 바뀌기 시작했다. 같은 중학교 친구들은 집이 없어지자마자 잇달아 에비스를 떠나 다른 지역으로 넘어가서 에비스의 학교에 다니고 있었다. 이제 나까지 이사를 하면 다 같이 모일 수 있는 장소가 없어진다. 고등학생이 되어 다른 학교에 다니게 되면 다들 뿔뿔이 흩어질 거라고 생각해서 절대로 에비스를 떠나고 싶지 않았다. 내가 "나 빼고 이사해도 돼. 난 여기 남을게"라고까지 말하자, 아빠는 결국 이사하는 것을 포기했다.

그 후 고육지책으로 집을 개조해 거실을 조금 넓히고, 다른 두 개의 방을 다다미 네 장짜리 세 개의 방으로 바꾸었다. 내 방, 아빠 방, 동생 방 순서로 나란히 각각 자기 방을 갖게 되었다. 엄마 방은 없었다.

아빠 방은 책장으로 둘러싸여 있었고 싱글 침대 하나가 겨우 들어갔다. 책장과 침대 사이에는 한 사람이 들어갈 공간조차 없을 정도여서 아빠는 늘 침대 위에 있었다. 큰 TV를 둘 공간도 없어, 손바닥만 한 크기의 TV로 영화를 보거나 책을 읽으며 시간을 보냈다. 거실과 아빠의 방은 얇은 벽 하나뿐이어서 거실에서 쉬고 있으면 아빠가 무슨 영화를 보고 있는지 알 수 있을 정도였다.

아침에 아빠를 깨울 때는 거실에서 "아빠, 일어나!"라고 말하면 안에서 "5분만 더!"라는 소리가 몇 번 반

복되다가 다섯 번째쯤에야 일어났다. '벌써 25분이나 지났는데 괜찮은 걸까?'라고 생각했는데, 처음부터 여유를 가지고 일어나는 시간을 설정해서 괜찮은 것 같았다.

엄마는 자기 방이 없어서 거실에 매일 이불을 깔고 고양이 두 마리와 함께 잠을 잤다. 그 습관이 사라지지 않아 모두가 집을 나가 혼자 살게 된 뒤에도 엄마는 거실에 이불을 깔고 잔다.

내 방은 접이식 탁자를 사용해 다른 방보다 조금 더 공간이 있었지만, 언제나 친구들이 많이 왔으므로 싱글 침대에 일곱 명 정도 앉아 옆 사람과 밀치락달치락하며 빽빽하게 지냈다. 그 다다미 네 장짜리 방에서 최대 열다섯 명이 묵은 적도 있다. 물론 누울 공간도 없어서 몇 명은 앉은 채로 잤는데, 한번은 모두가 자고 있을 때 한밤중에 일어났더니 한 아이가 무릎을 꿇고 앉은 채로 자고 있어 웃었다.

친구가 자고 갈 때는 옆방에 있는 아빠에게 떠드는

소리가 다 들려서, 밤중에 "시끄러워!" 하고 외치는 소리가 자주 들렸다. 물론 그렇다고 조용히 하는 건 아니어서, 아빠에게는 잠들지 못하는 지옥 같은 밤이었을 것이다. 그래도 아빠는 "친구를 재우지 마"라고 한 번도 말하지 않았다.

결코 쾌적하다고는 할 수 없는 집이었지만, 그래도 나는 에비스를 떠나고 싶은 생각이 없었다.

지금 생각하면 중학교 때 이사를 했더라도, 넓고 새로운 집에서 똑같이 했을지도 모른다. 하지만 그 무렵의 나에게 에비스를 떠나는 것은 '스즈키 가의 상자'를 잃고, 추억도 친구와의 인연도 모두 사라져 버릴 것만 같은 대사건이었다.

나는 변하지 않는 것, 평생 지속되는 것, 사라지지 않는 것을 좋아한다.

나는 환경의 변화를 싫어한다. 언제나 지금이 가장 즐겁고, 이 시간이 영원했으면 좋겠다. 하지만 현실은 그렇지 않다. 시간이 흐르면서 주변도 변하고 아무리 좋은 시간도 끝이 나기 마련이다. 애정이 깊으면 깊을수록 그 상실감도 커서, 즐거울수록 이 즐거움이 영원하지 않다는 생각에 외로움이 엄습한다. 이것을 진지하게 생각하기 시작하면 현실을 받아들일 수 없다. 그래서 나는 생각하지 않으려고 한다. 앞만 보고 그 순간의 즐거움에 몸을 맡긴 채 찰나를 살아간다. 이는 극도로 외로움을 타는 내가 변하는 현실을 받아들이고 현실과 공존하기 위한 처세술이다.

그래서 나는 상자가 필요하다.

같은 시간을, 같은 사람들을 거기에 변함없이 붙잡을 수는 없다. 그래서 나는 변해가는 나날 속에서 언제나 그곳에 있고, 그 안에서 변한다고 해도 무엇이든, 누구든 받아들일 수 있는 스즈키 가의 상자를 줄곧 갖고 싶었던 것이다.

그로부터 몇 년의 시간이 지나 지금은 가족이 서로

 스즈키 가의 상자

다른 집에서 살고 있지만, 각각의 스즈키 가에는 지금도 변함없이 많은 사람들이 모여 있고 웃음소리가 끊이지 않는다.

이웃집 고양이에게 먹이를 주는 것이 일과가 된 엄마 곁에는 먹이를 먹으러 오는 고양이를 보러 고양이 친구들이 모이기 시작했고, 엄마가 먹이를 주지 못할 때에는 돌아가면서 일정을 짜서 먹이를 준다.

그 친구들의 유대가 강하다는 사실에 놀랐고, 고양이가 아플 때는 그 고양이를 집으로 데려와서 거의 매일같이 함께 모여 병간호를 했다. 그 모습은 마치 어린아이를 걱정하며 모여드는 가족 그 자체였다.

아빠의 벽돌집에 오는 동료들은 자주 오던 아저씨들을 대신해 20대 젊은이들이 모이게 되면서 화사해졌다. 아빠와 젊은이들의 조합은 내가 보기에는 이상해서 한번은 "아빠 같은 아저씨랑 이렇게 만나는 게 즐거워?"라고 물어본 적이 있다.

그 사람들은 "스즈키 씨와의 시간은 가격을 매길 수

없을 만큼 귀중합니다"라고 말하며 매주 아빠와 대중목욕탕에 다녀왔다. 목욕탕 안에서 아빠와 나누는 대화 하나하나가 그들에게는 보물인걸까. 그들에게는 스즈키 도시오 그 자체가 가슴 설레는 상자인 모양이다.

  결혼해서 새 가정을 이룬 우리 집에도 여전히 학창 시절 친구들이 자주 오는데, 거기에 동네 엄마들이 더해졌다. 내 친구들과 아이 엄마인 친구들이 "처음 뵙겠습니다" 하고 인사를 나누고, 사이좋게 식사하는 모습은 몇 번을 봐도 감회가 새롭다. 나는 예전의 엄마처럼 매주 몇 가지 파티 요리를 만들어 모두를 맞이하고 있다.

  지금은 내가 모르는 곳에서 아이 엄마 친구들이 내 고등학교 동창들을 초대하거나 내가 모르는 친구들을 초대하는데, 언제 누가 등장할지 몰라 재미있다.

  '이번에 마미코네 집에서'가 암호처럼 되어 있는 모양이다. 그건 나에게 더할 나위 없이 행복한 일이다. 일요일이면 나이도 직종도 다른 모든 사람들과 가족들

스즈키 가의 상자

이 우리 집에 다 같이 모여 엄마와 내가 손수 만든 요리를 먹었다. 같은 아파트에 사는 엄마는 집에서 요리를 만들어주고, 내 친구가 엄마 방 층까지 그것을 가지러 가곤 했다. 내 중학교 친구, 고등학교 친구, 아이 엄마 친구들, 아빠의 학창 시절 친구, 아빠의 직장 동료, 만날 일이 없는 사람들이 한 식탁에 둘러앉아 담소를 나누었다. 거기서 만나 친해져 어느새 나는 고등학교 친구의 가족과 아빠의 직장 동료와 함께 여행을 떠나기도 했다. 여행 중에도 문득 '뭐지, 이 면면은?' 하고 이상한 느낌이 드는 것이 재미있다.

이번에는, 거기에 내가 운영하고 있는 온라인 살롱 '스즈키 P 패밀리'의 멤버까지 가세해 총 50명이 레스토랑을 통째로 빌려서 다 함께 지브리 영화에 나온 음식을 재현한 지브리밥 뷔페를 먹을 예정이다. 처음 만나는 사람들끼리 아빠나 나를 통해 만나서 "처음 뵙겠습니다" 하고 인사를 나누고 함께 밥을 먹는다. 스즈키가가 가장 좋아하는 한데 어우러진 공간이다.

시간이 지나 모이는 사람이나 장소가 바뀌어도 상자는 내 안에 쭉 있다. 스즈키 가의 상자는 이사를 하면 사라지는 게 아니라, 어디에 있어도 저마다 우리 안에 있는 상자였던 것이다. 그건 나 자신이기도 하고, 아빠와 엄마 그 자체이기도 하고, 에비스이기도 하고, 이 집이기도 하고, 본가이기도 하고, 스즈키 P 패밀리이기도 하다.

 내가 남기고 싶은 건 언제든지 모두가 자유롭게 드나들 수 있는 스즈키 가의 상자다.

 평생 닫히지 않는 그 상자에 앞으로도 쭉 가족과 친구, 동료들을 받아들이고 싶다.

 다음에는 무엇이 그 상자에 들어올까, 가슴 설레면서 하루하루를 살아갈 수 있다면 행복할 것이다.

 변하지 않는 것, 평생 지속되는 것, 사라지지 않는 것. 그런 게 좀처럼 없는 이 세상에서 적어도 나는 변함없이 이 상자를 소중히 간직하고 싶다.

 스즈키 가의 상자

아들은 유치원 때부터 늘 집으로 돌아오는 길에 "오늘은 누가 있어?"라고 물었다. 방금 전에도 아들의 동급생에게 "오늘 가도 돼?" 하고 전화가 온 참이다.

주말이면 많은 동급생들을 초대해서 파자마 파티를 연다. 동급생들의 생일 파티도 매번 우리 집에서 열고, 최근에는 동급생의 남동생 생일 파티도 하게 되었고, 그 동생의 친구들도 오게 되었다. 언젠가는 동급생의 남동생의 친구의 생일 파티도 우리 집에서 할 수 있으면 좋겠다.

아들이 외출해도 아이들은 우리 집에 모여 논다. 학원에서 돌아온 아들은 자기 집에서 놀고 있는 동급생 친구에게 "안녕! 만나서 반가워" 하고 인사를 건넨다. 어디선가 본 풍경이다. 조만간 여벌 열쇠를 주고 싶다고 할지도 모른다.

스즈키 가의 상자는 대물림된다.

아빠가 없어져도, 내가 없어져도, 아들에게, 손주에

게 그리고 그 손주의 아이에게 스즈키 가의 상자가 쭉 이어져 가기를 바란다.

〈컨트리 로드〉가
태어난 날

"마메, 작사 한번 해볼래?"

　거실에서 뒹굴대며 TV를 보고 있던 나에게 아빠가 이런 갑작스런 제안을 한 것은 내가 열여덟 살 무렵이었다.

　나는 처음에 "얼마 줄 건데?"라고 말했던 것 같다. 말했던 것 같다고 한 이유는 당사자인 나도 기억하지 못하기 때문이다.

　아빠는 늘 그때 일을 이야기하지만 나는 여전히 그 말을 온전히 믿을 수가 없다. "내가 그렇게 뻔뻔한 말을 했다니……." 만약 그렇게 말했다면 농담일 거라고 생각하지만, 아빠는 "아주 진지한 얼굴이었어"라고 우겼다.

　나의 명예를 위해 말해 두자면 나는 더 겸손한 성격이다. 적어도 스스로는 그렇게 생각하고 있다. 그 말을

 스즈키 가의 상자

했는지 안 했는지는 모르겠지만, 그때 속으로 화들짝 놀랐던 기억은 난다.

나는 중학생 때부터 시 쓰는 걸 좋아해서 매일 여러 편의 시를 노트에 끼적였다. 같은 학원에 다니던 같은 취미를 가진 친구와 몰래 서로 쓴 시를 보여주곤 했는데, 그 애 말고는 아무에게도 말하지 않은 은밀한 취미였다. 왜냐하면 학교에서 나는 그런 캐릭터가 아니었기 때문이다. 문학소녀도 아니었고 얌전한 캐릭터도 아니었다. 늘 수선스럽고 친구들과 모이면 남자 얘기만 하고 가끔 학교도 땡땡이 쳐서 엄마에게 호되게 등짝을 맞는 얼뜨기 여자중학생이었다.

그런 내가 밤마다 노트에 시를 쓰다니 부끄러워서 아무에게도 알리고 싶지 않았다. 물론 가족에게도 말하지 않았다. 아니, 가족에게는 가장 알리고 싶지 않았다. 그런데 갑자기 "작사해볼래?"라니. 내 노트를 훔쳐본 게 틀림없다고 생각했다.

생각해보면 그 시절, 깔끔쟁이인 아빠는 쉬는 날이면 항상 집안 청소를 했다. 거실 탁자 위에 놓인 먹다 남은 밥을 랩으로 싸서 냉장고에 넣고, 다 쓰고 놔둔 컵을 씻고, 여기저기 흩어져 있는 누구 건지 모를 책과 프린트를 쌓아 방구석에 정리하여 순식간에 집 안을 깨끗하게 만들었다.

당시 내 방의 책상에는 항상 읽다 만 책과 하던 숙제가 산처럼 쌓여 있었고 연필이 어지럽게 널려 있어 지저분했다. 아빠는 여기저기 흩어져 있는 연필을 하나하나 연필꽂이에 꽂고, 프린트와 책을 책장에 가지런히 꽂아 책상 위 공간을 만들어 내어 몰라볼 정도로 깔끔하게 정돈했다.

가족으로서 고마운 부분도 있었지만, 가족에게 묻지 않고 물건을 자꾸 버리는 통에 곤란할 때도 있었다. 한번은 동생의 중요한 숙제 프린트가 없어져서 동생이 우울해했던 걸 지금도 기억한다. '아빠가 버렸겠지'라고 가족 모두가 생각했지만, '자기가 정돈하지 않은 탓

이야'란 무언의 압박을 느끼고 아무도 뭐라 말하지 못했다.

그때의 압박이 효과를 발휘했는지 지금의 나는 청소를 좋아하고 집도 비교적 깨끗하다. 지금 나의 깔끔한 면모는 아빠 덕분인지도 모른다.

그런 식으로 아빠가 내 방을 청소할 무렵, 내 방에는 시를 쓴 비밀 노트가 몇 권이나 있었다. 언제나 깔끔하게 책장에 꽂혀 있었지만, 분명 그때 노트를 훔쳐본 게 틀림없다. 그렇지 않고서야 갑자기 "작사해볼래?"라고 말하다니 너무 이상하지 않은가.

'분명히 봤을 거야'라고 의심의 눈초리로 아빠를 바라보며 자초지종을 들어보니, 그 말을 꺼낸 사람은 미야자키 하야오 씨였다.

이번에 만드는 〈귀를 기울이면〉이란 영화의 OST인 〈컨트리 로드〉의 가사를 미야자키 씨가 쓰기로 했다고 한다. 그런데 좀처럼 진척이 없어 아빠가 "이제 그만 쓰고 줘요"라고 재촉하자 미야자키 씨가 "그래! 스즈키 씨 딸한테 써달라고 하자!"라고 말을 꺼냈다고 한다. 영화의 주인공이 중학생이어서, 나이가 비슷한 여자아이에게 쓰게 하면 좋지 않으냐고 말한 모양이다.

아빠는 미야자키 씨가 도망치려 한다고 생각했다. 하지만 내게 쓰게 해서 결과가 신통치 않으면 미야자키 씨도 어쩔 수 없이 쓰게 될 거라 여기고 나에게 맡기는데 동의한 모양이다.

나로서는 뭐가 뭔지 잘 모르겠고 가사 같은 건 써본 적도 없으니 할 수 있을 리 없다고 생각했다. 하지만 뭐 미야자키 씨가 가사를 쓰는 데 참고가 되면 그만이란 가벼운 마음으로 해보기로 하고 "그럼 써볼게"라고 대답했다. 그러자 아빠가 〈귀를 기울이면〉의 원작 만화와 CD를 건네주었다.

좁은 방의 작은 침대에 누워 천장을 바라보며 CD플레이어에 CD를 넣고 〈컨트리 로드〉를 들었다. 시를 많이 썼으니 노래를 들으면 자연스럽게 가사가 떠오를지도 모른다. 첫인상이 중요하다. 하지만 떠오르는 정경이라고는 미국인가 어딘가에 있는 옥수수밭이나 밀레의 그림에 나오는 황토색 시골 풍경이 전부였다. 중학생 소녀가 쓸 법한 글을 써달라고 했지만 그런 이미지와는 거리가 멀었다.

'아, 역시 내가 가사를 쓰는 건 무리다'라는 생각이 들어 '일단 잊자'가 특기인 나는 작사는 잊고 놀러가기로 했다. 그런 '일단 잊자'는 상태는 2주일이나 계속되어 나는 작사 따위는 까맣게 잊어버리고 놀기만 했다. 어느 날 새벽 2시에 집에 돌아오니 아직 깨어 있던 아빠가 '기한은 오늘'이라며 다그쳤다. 즐거운 기분으로 돌아왔는데, 갑작스레 재촉을 받고 조금 짜증이 난 나는 "지금부터 쓸 거야!" 하고 문을 쾅 닫고 내 방으로 들어왔다. 방에 들어오기는 했지만 뭘 해야 좋을지 몰라 우선 고타츠 안으로 들어가 귤을 먹고 한숨을 돌렸다.

'우선 원곡을 번역해볼까' 하고 사전을 집어 들었다. 간단한 영어라서 사전이 없어도 대충 의미는 알 수 있었다. 그다지 마음에 와 닿는 가사는 아닌 것 같아 모르는 부분은 사전을 찾아 직역해보았다.

컨트리 로드
나를 고향으로 데려가 줘
내가 있어야 할 곳으로
웨스트버지니아, 산들의 어머니
나를 고향으로 데려가 줘

음, 역시 전혀 마음에 와 닿지 않았다. 무슨 뜻인지도 잘 모르겠고, 왠지 너무 거창해서 중학생이 쓸 만한 시는 아닌 것 같았다. 이번에는 사전을 내려놓고 〈귀를 기울이면〉의 원작 만화를 들고 주인공인 츠키시마 시즈쿠가 되려고 눈을 감았다. 나는 사랑에 빠진 중학생 소녀의 머릿속을 상상했다. 그런데 웬걸 소년이 떠올랐다. 하나로 뻗어있는 길을 그저 죽어라 걷는 한 소년이. 걸음걸이에서 뭔가를 떨쳐내려는 듯한 강한 의지가 느껴졌다. 그런 광경이 불쑥 눈앞에 나타나 떠나지 않았다.

컨트리 로드
이 길을 계속 걸어가면 그 마을이 나올 것 같아
컨트리 로드

이 길을 쭉 걸으면 고향에 다다르지 않을까? 그렇게 생각하며 걷고 있는 것일까. 그래서 그렇게 필사적으로 걷는 것일까. 그런 생각이 들었다.

의지할 데 없는 외톨이, 아무 것도 가진 것 없이
살기 위해 도시로 뛰쳐나왔다.

이런 가사를 생각해낸 것 같다. 몇십 년 전 일이라 정확히 어떤 가사였는지는 기억나지 않는다. 하지만 '도시에서 열심히 사는 시골 출신 소년은 매일 지나다니는 이 길에서 고향을 떠올리고는 불쑥 돌아가고 싶어진다. 하지만 돌아가지 않겠다, 지지 않겠다고 결심하고 고향에 작별을 고하며 오늘도 잰걸음으로 걷는' 정경이 눈앞에 떠오른 것을 또렷이 기억한다.

지금도 그 광경을 잊을 수 없다. 커다란 달이 뜬 밤하늘을 보며 둑길을 걷는 소년. 원곡이 좀 더 나이든 사람의 노랫말이었는지도 모르지만, 고향을 떠난 소년도 역시 달이 뜨는 길 위에서 고향을 생각했을 것이다.

몇 년 후 〈혐오스런 마츠코의 일생〉이란 영화를 봤을 때, 비슷한 광경이 떠올랐다. 이런 길이었구나, 그때 그런 생각이 들었다.

그렇게 〈컨트리 로드〉의 가사가 완성됐다. 불과 5분밖에 걸리지 않았다. 갑자기 광경이 떠올라 단숨에 가사를 써낸 것이다. 정해진 글자 수에서 조금 벗어나기는 했지만 참고로 쓰일 글이니 괜찮다고 생각했다.

하지만 문제는…… 시즈쿠의 마음이 아니란 것이다. 여중생의 노래가 아니라 고향을 뛰쳐나온 소년의 노래

스즈키 가의 상자

니까. 이래서는 〈귀를 기울이면〉의 내용과 관계가 없어진다. 아무래도 그건 아닌 것 같아서 시즈쿠가 되어 다시 한 번 생각해보려고 했지만…… 무리였다. 방금 전 그 노랫말이 너무 좋아서 다른 가사는 생각나지 않았다. 〈컨트리 로드〉는 누가 뭐래도 이런 노래다. 그렇게 생각했다.

사실 아빠는 미야자키 씨가 그 가사를 좋아하지 않을 거라 생각했던 모양이다. 중학생 소녀가 부르는 노래가 아니기 때문이다. 그러나 뜻밖에도 미야자키 씨는 가사를 마음에 들어 하며 "자네 딸을 한번 만나 이야기를 나누고 싶다"라고 했다고 한다. 나는 그 말을 전해 듣고 "싫어"라고 단번에 거절했다. 반항기의 딸은 그런 법이다. 아빠의 직장 동료를 만나는 것보다 귀찮은 일은 없으니까.

그로부터 며칠 후, 아빠는 〈귀를 기울이면〉의 스토리보드를 건넸다. 가사에 2절이 없으니 추가해달라는 것이었다. 그리고 "그 가사는 여자 중학생이 부르는 노래가 아니고, 나이 설정도 다르니까 스토리보드를 잘 읽고 다시 한 번 써봐"라고 했다.

나는 다시 고타츠에 앉아 귤을 먹으며 한숨을 쉬고 나서 스토리보드를 읽었다. 스토리보드를 읽은 적이 없어 잘 몰랐지만, 그 노래가 극중에서 시즈쿠가 만드는 중요한 노래라는 건 알았다. 하지만 스토리보드를 읽으면 읽을수록 내가 쓴 가사는 내용과 맞지 않았다. 어떻게든 맞춰보려고 했지만, 애초에 소년의 노래인데 여자 중학생의 요소를 넣는다는 건 도저히 무리였다.

다시 한 번 처음부터 다시 써보려고 했지만 아무리 생각해도 그 가사보다 좋은 가사는 나오지 않았다. 하는 수 없이 나는 세계관을 바꾸지 않고 바로 그 뒤에 오는 가사를 쓰기로 했다. 그 뒤에 이어진 이야기라고 생각하니 술술 써졌다.

"난 이렇게밖에 못써." 완성된 가사를 아빠에게 건네주었다.

 스즈키 가의 상자

며칠 후, 집에서 쉬고 있는데 미야자키 씨에게서 전화가 걸려왔다. 미야자키 씨한테서 전화가 오다니, 처음 있는 일이라 나는 조심스레 전화를 받았다. 미야자키 씨는 입을 열자마자 "어떻게 그런 가사를 썼어요?"라고 물었다.

'왜 썼어요?'가 아니라 '어떻게 썼어요?'란 말이 칭찬으로 들렸다. 하지만 나는 "그냥 떠올라서요"라고 대답할 수밖에 없었다.

미야자키 씨는 수화기에 대고 "끄응……" 하고 작게 앓는 소리를 내더니 "내가 만든 가사를 들어봐요"라고 말했다.

"컨트리 로드, 끝도 없이 숲을 베고 계곡을 메우며……."

멜로디에 맞춰 부른 후, 미야자키가 자신 없는 목소리로 "어떻게 생각해요?"라고 물었다.

"끔찍하다고 생각합니다." 나는 솔직하게 말했다.

"그렇군요……." 그는 조금 낙담한 듯했다. 그러더

니 "어떻게 하면 그런 가사를 쓸 수 있는 거죠?" 하고 다시 한 번 물었지만, 나는 역시 대답할 수 없었다.

그냥 떠오른대로 썼을 뿐이고, 미야자키 씨가 원하는 츠키시마 시즈쿠의 가사는 아니었을 테니 미안한 마음이 들었다. 작사 방법은 좋았지만 좀 더 나이를 낮춰 여자아이의 시선으로 써보라는 뜻이겠거니 생각했다. 그게 잘 되지 않았고, 설명도 똑바로 하지 못한 채 "죄송합니다"라고 말하고 전화를 끊었다.

그로부터 얼마나 시간이 흘렀을까. 작사에 관해 까맣게 잊어버렸을 즈음 아빠가 "〈귀를 기울이면〉이란 영화가 나왔는데 볼래?" 하고 말했다. 미야자키 씨가 어떤 가사를 썼을지 기대가 됐다. 영화를 보고 있으니 〈컨트리 로드〉 가사가 흘러나왔다.

컨트리 로드
이 길을 계속 걸어가면……

'설마 이걸로 한 거야?' 나는 내 귀를 의심했다. 내가 쓴 가사를 영화 속에서 츠키시마 시즈쿠가 부르고 있었다. 이게 무슨 일이지? 나는 놀라 어쩔 줄 몰랐다. '극중에 내가 쓴 가사 일부를 쓰기로 했나보다.' 그렇게 생각한 것도 잠시, 아무리 생각해도 내가 쓴 가사가 메인 주제가로 나오는 것이었다.

영화를 끝까지 본 뒤에는 넋이 나간 상태였다. 무슨 일이 일어났는지 알 수가 없었고 꿈인지 생시인지 구분이 가지 않았다. 넋이 나간 내게 아빠가 "〈컨트리 로드〉가 영화 주제곡으로 선정됐다"고 알려줬다. 세상에, 이게 대체 무슨 일이란 말인가. 진심으로 놀랐고, 사실인지도 믿을 수 없었다.

내가 쓴 가사가 지브리 영화의 주제가가 됐다.
기뻤지만, 물론 기뻤지만, 머릿속은 솔직히 '나이차는 괜찮았나?'라든지, '소년의 노래였는데 괜찮았나?'란 의문으로 가득했다.

하지만 영화를 다 보고 엔딩 크레딧을 보면서 '역시 이 가사밖에 없어'란 생각이 들었다. '이건 남자 주인공 아마자와 세이지 군의 노래였구나'란 생각도 조금 들었다. 여행에 나서는 그의 미래를 그린 노래였을까. 그건 지금도 잘 모르겠다. 글을 쓸 때는 그런 생각을 전혀 하지 않았다. 하지만 어딘가에서 느꼈을지도 모른다는 생각도 들었다.

정해진 글자 수에서 벗어난 가사는 고쳐져 있었다. '언덕을 휘감은 오르막 길'은 미야자키 감독이 쓴 부분이다. 내가 어떤 가사를 썼는지는 잊어버렸지만 '경사진 외길'이라고 썼던 것 같다. 그것을 '언덕을 휘감은 오르막 길'이란 바로 그림이 떠오르는 말로 표현한 걸 보고 역시 미야자키 씨라고 생각했던 기억이 난다.

꽤 오랜 시간이 지난 지금까지도 낯선 사람들이 나를 알아봐주고, 전문 가수가 이 노래를 불러주고, 아들의 초등학교 교과서에 실리는 등 〈컨트리 로드〉가 받는 사랑에 계속해서 놀라고 있다.

〈컨트리 로드〉는 아직도 내 인생에 다시없을 대사건이다.

가사를 쓸 기회를 주고 주제가까지 만들어준 미야자키 씨, 아빠, 〈귀를 기울이면〉의 감독 곤도 요시후미 씨에게 고마운 마음뿐이다.

왜 그 가사가 채택되었는지 아무도 말해주지 않았지만, 이제 그런 건 아무래도 상관없었다. 〈컨트리 로드〉를 쓸 수 있었던 것은 이제 내 인생 최대의 자랑이다. 많은 사람들이 묻지만, 인세는 받지 않는다. 주제가가 될지 몰라서 계약서 같은 것도 쓰지 않았다. 하지만 나는 개런티와 인세보다 몇 배나 가치 있는 멋진 추억이란 선물을 〈컨트리 로드〉로부터 계속 받고 있다.

초록 마귀할멈과의 만남

―――――― 2008년, 에비스에 술집 거리 '에비스 요코초'가 완성됐을 때는 굉장히 세련된 거리가 생겼다고 생각했다. 지금은 번화가처럼 변해서 술주정뱅이들이 여기저기 어슬렁거리는 곳이 됐지만, 얼마 전까지만 하더라도 사람이 별로 없어서 굳이 따지자면 한적한 동네라는 인상이었다.

에비스 요코초가 생기기 전 그 곳은 '야마시타 쇼핑센터'라는 이름뿐인 폐점한 가게들이 늘어선 어스름한 터널 같은 공간이었다. 두 곳 정도는 영업을 계속하고 있었지만 입구를 보면 가게가 있을 거라고는 상상도 할 수 없는 분위기였다. 분명 아는 사람은 아는 오래된 지역 주민의 휴식 장소였을 것이다.

어두컴컴한 터널이 되기 전, 야마시타 쇼핑센터는 활기찬 쇼핑센터였다. 초등학생일 때, 내가 여느 아이

―――― 스즈키 가의 상자

들처럼 자주 드나들었던 곳은 동급생 어머니가 운영하던 막과자점 '프렌드'와 산리오숍 '나우'였다. 야마시타 쇼핑센터는 프렌드를 중심으로 세 갈래로 갈라진 길이 있고, 각각의 거리 끝에 출구가 있었다. 나우는 그 한 출구 근처에 있는 작은 가게였다.

다다미 한 장 크기밖에 안 되는 프렌드에는 항상 같은 초등학교 아이들이 북적거렸다. 가게 앞에 놓인 게임대에서 놀거나 길쭉한 가게 양쪽에 빽빽하게 놓여 있는 과자를 사고 10엔짜리 제비뽑기에 일희일비하는 등 매일이 명절 같은 가게였다. 100엔이면 몇 시간이고 놀 수 있는 프렌드는 작은 우리들에게 천국이었고, 부모가 맞벌이 부부였던 나는 엄마가 가끔 두고 가는 100엔을 가지고 친구들과 함께 즐거운 시간을 보내곤 했다.

프렌드의 주인아주머니는 같은 반 아이의 엄마였는데도 늘 아이들에게 무뚝뚝했다. 통통한 체형에 희끗희끗한 머리를 뒤로 질끈 묶고, 생기 없는 눈은 늘 먼

곳을 바라보는 듯했다. 몇 번이나 제비뽑기를 하고 싶어 하는 우리를 귀찮다는 듯 매섭게 바라볼 때면 아무 잘못도 하지 않았는데 괜히 겁에 질려 몸을 떨었던 기억이 난다.

지금 생각해보면 아주머니는 그렇게 무뚝뚝하지도 않았고 가끔 말을 걸어주며 잡담을 나눌 때도 있었지만, 어린 우리는 무서운 것만 기억하고 그곳에 갈 때마다 늘 마음을 졸였다. 그러면서도 매일 친구를 만나러 다니는 모습이 또 아이답다고 할 수 있겠지만.

우리는 아주머니에게 '공포의 귀신 할멈'이란 별명을 붙였다.

내가 인생에서 잊을 수 없는 공포 체험을 한 것도 이 야마시타 쇼핑센터였다. 우리의 또 다른 휴식처, 산리오숍의 '나우'에서 일어난 일이었다. 초등학교 5학년 여름, 나는 소꿉친구인 와카나와 시부야에 있는 대형 입시학원의 여름학기 강습에 다니고 있었다. 그날

스즈키 가의 상자

은 와카나와 둘이서 학원에 갔다 돌아오는 길에 시부야 역 구내에 있는 산리오숍에 들렀다.

  그곳에서 우리는 세상 무서운 경험을 했다. 지금도 잊을 수 없는 '초록 마귀할멈'과의 만남이다. 그 부인은 나이가 40대 중반쯤 되었을까. 초록색 원피스를 입고 잔물결처럼 고불고불한 파마머리, 가까이 다가가면 화장품 냄새가 물씬 풍기는 짙은 화장에 진분홍 립스틱을 바르고 있었다. 게다가 그 립스틱은 한쪽이 크게 삐져나와 있어 보는 순간 '입 찢어진 여자'라는 생각이 절로 들었다. 나와 와카나는 그 여성을 응시한 채 한동안 눈을 떼지 못했고, 그 후 얼굴을 마주보며 "입 찢어진 여자네"라고 무언의 확인을 했다. 왠지 모르게 무서운 분위기를 자아내는 입 찢어진 여자와 눈이 마주치는 것을 피하기 위해 우리는 사각지대로 이동하며 산리오 제품을 구경했다. 무서운 줄 알면서도 자꾸 보고 싶어져서 이따금 입 찢어진 여자 쪽을 힐끗 보니 미간을 찡그리고 진지하게 상품을 바라보고 있었다.

'딸에게 줄 선물을 고르는 걸까?' 지금이라면 그렇게 생각할지도 모른다. 하지만 당시 우리는 그런 생각을 할 여유가 없었고, 무서운 얼굴로 상품을 들여다보고 있는 그 모습이 꼭 입 찢어진 여자가 사냥감을 선별하는 것처럼 보였다. 우리는 가능한 한 눈에 띄지 않게 조용히 기척을 감추고 있었는데…….

"너희들 뭘 보고 있는 거야, 방해되잖아!"

여자의 찢어진 입이 크게 벌어지는 것을 본 것과 동시에 그 외침이 가게 안에 울려 퍼졌다. 우리는 너무 놀라서 몸을 부르르 떨고 그대로 뻣뻣하게 굳어 움직이지 못했다. 우리의 시선 끝에는 입 찢어진 여자가 우리를 노려보고 있었다. 마치 우리의 공간만 스포트라이트를 비추고 있는 듯한 긴장감이 우리를 감쌌고, 우리는 그 입 찢어진 여자를 응시한 채 눈을 뗄 수 없었다.

"저리 비켜, 방해하지 말라고 했잖아!"

귀신같은 얼굴로 다가온 입 찢어진 여자는 우리 둘

 스즈키 가의 상자

사이를 비집고 들어오며 몸을 밀쳐냈다. 나는 순간 무슨 일이 일어났는지 알 수 없었다. 생판 모르는 아주머니가 적대감을 드러내며 나를 공격하다니. 평생 본 적이 없었고 상상해 본 적도 없는 일이었다. 자세가 무너졌으나 그래도 우리는 그 자리에서 꼼짝도 못하고 나오지 않는 목소리를 쥐어짜서 "죄송합니다……" 하고 입을 뻐끔거린 게 고작이었다.

입 찢어진 여자는 여전히 욕설을 멈추지 않았고, "너네 뭐야!" 하고 찡그린 얼굴로 우리를 노려보았다. 그러던 중 소란을 들은 점원이 우리 쪽으로 다가왔다. 입 찢어진 여자는 계속 우리에게 욕설을 퍼부으며 노려보다가, 점원이 도착하기 직전에 "정말 귀찮아!"라는 한마디를 내뱉으며 가게에서 사라졌다.

우리는 공포로 몸이 움츠러들어 "괜찮니?"라고 묻는 점원에게 제대로 대답하지도 못하고 그저 몇 번이고 고개만 끄덕였다. 오줌이 마렵게 무섭다는 것은 이런 것이었다. 보기만 해도 오금이 저렸던 입 찢어진 여자가 고함을 지르며 달려들었다. 뺨이라도 맞을까 봐 두려웠다. 점원이 오지 않았더라면 그렇게 됐을지도 모른다는 생각이 들었다. 딱 그럴 기세였다. 뭘 했는지 기억이 나지 않는다. 그저 이따금 힐끔힐끔 쳐다보기만 했을 뿐인데 그게 신경에 거슬렸던 것일까.

예전에 와카나와 나는 네 살 때 똑같이 무서운 경험을 한 적이 있다. 같이 유치원 종일반에 다닐 때였다. 같은 반에 별안간 다른 사람의 목을 조르는 남자아이가 있었는데, 뭔가 마음에 들지 않는 일이 있으면 양손으로 동급생의 목을 조르곤 했다. 선생님이 주의를 주면 고래고래 소리를 지르고 난동을 부리며 선생님을 발로 찼다.

어느 날 또 같은 문제가 일어났다. 오후에 아이들이 유치원 정원에서 놀고 있을 때 그 아이의 어머니가 와서 교실에서 선생님과 이야기를 나누고 있었다. 무서운 일은 선생님과의 대화가 끝나고 그 어머니가 돌아가려는 참에 벌어졌다.

그 어머니가 정원에서 노는 우리들을 향해, "우리 애가 뭘 잘못했다고! 너희들이 잘못한 거야! 너희들이 그만둬!" 하고 꽥 소리를 질렀던 것이다.

놀란 우리는 어린 마음에 뭉쳐야겠다고 생각했을까, 금세 한 곳으로 모였다. 선생님 세 명 정도가 그 어머니를 붙잡고, "하지 마세요"라고 하면서 정원 밖으로 밀어내고 있었다. 그동안 그 어머니는 계속 "까불지 마! 너희가 나빠!" 하고 소리쳤고, 연행되듯이 밖으로 끌려 나갔다.

현장은 어수선했다. 울음을 터뜨리는 아이들도 많아서 선생님들은 그에 대한 대응으로 부산을 떨었다. 나는 어른들이 '까불지 마'라는 말을 쓰는 것을 TV에서만 봐서 너무 무서웠다. 다음 날부터 그 남자아이는 두 번 다시 등원하지 않았고 그대로 유치원을 그만두었던 것 같다. 지금도 잊을 수 없는 공포 체험이었다.

나는 입 찢어진 여자와 마주쳤을 때, 그 순간을 떠올렸다. 그런 무서운 일이 다시는 일어나지 않을 거라고 생각했지만, 와카나와 함께 있을 때 다시 비슷한 일을 겪었다. 나와 와카나는 입 찢어진 여자가 떠난 뒤에 "유치원 때 그 아주머니랑 똑같았지"라고 말했고, 서로의 공포심이 진정되었을 무렵 "오늘 아주머니는 초록색 옷을 입고 있었으니까 '초록 마귀할멈'이라고 부르자"고 결정했다. 친구와 공감하고 별명을 지어주는 순간, 왠지 공포심이 조금은 사라지고 우스갯소리로 삼을 수 있을 것 같은 기분이 들어 신기했다. 두려움을 극복하기 위한 어린 시절의 처세술이었는지도 모른다.

마음을 다잡고 우리는 시부야를 떠나 에비스의 나우로 가기로 했다. 이제 시부야의 산리오숍은 무서워서 갈 수 없다. 역시 동네에 있는 곳이 마음이 편하다.

야마노테 선을 타고 에비스에 도착한 우리는 역에서 5분 정도 떨어진 야마시타 쇼핑센터로 향했다. 나우의

스즈키 가의 상자

가게 안은 비어 있었고 손님은 우리뿐이었다. 나우는 아담한 가게로 다다미 두 장 크기의 넓이였다. 가게를 전세낸 것 같아 기분이 좋아진 우리는 조금 전의 공포도 잊고 꺅꺅대며 편지지 세트를 골랐다.

그 때였다. 우리만 있던 가게 안에 다른 손님이 들어왔다. 낯익은 초록색 원피스가 시야에 들어오고 순간 우리의 시간이 멈췄다.

"초록 마귀할멈……."

와카나가 조그맣게 중얼거렸다.

눈앞에 방금 전 우리에게 악다구니를 퍼붓던 초록 마귀할멈이 있었다. 이런 일이 생기다니. 초등학생이던 우리는 한순간 무슨 일이 일어났는지 이해할 수 없었다. 하지만 환각이 아니었다. 초록 마귀할멈의 입가에는 분홍색 립스틱이 한 쪽 뺨까지 번져 있었다.

와카나와 나는 눈을 마주치고 아무도 모르게 가게를 나가기로 했다. 그리고 초록 마귀할멈이 있는 곳의 선반을 끼고 반대편으로 몸을 숨겼다. 선반 틈새로 초록 마귀할멈이 보였다. 이쪽에 있는 상품을 보면 선반 틈새로 우리가 보인다. 그럼 이제 끝장이다. 심장 박동이 빨라지고 다리가 움츠러들었다. 방금 전의 공포 체험이 플래시백처럼 되살아나 처음 봤을 때보다 몇 배는 더 무서웠다. 영화 〈쥬라기 공원〉에서 주인공이 숨어 있는 바로 근처까지 공룡이 냄새를 맡으러 오는 장면을 보고 언제 발견될까 불안해서 심장이 터질 것 같았는데 그 장면을 볼 때와 같은 긴장감이 느껴졌다. 나는 속이 울렁거리고 토할 것 같았다.

초록 마귀할멈은 그런 우리의 존재를 알아차리지 못하고 점원을 불러 뭔가를 묻기 시작했다. 출구로 도망치려는 순간, "왜 없어! 일부러 왔는데 어떻게 된 거야!"라는 귀에 익은 악다구니가 들려와 우리는 흠칫 몸을 움츠렸다. 초록 마귀할멈이 점원에게 꽥 소리를 질렀다. 아무래도 찾고 있던 상품이 없는 모양이었다. 딱 한 명밖에 없는 점원이 난처해하는 것 같았다. 하지만 우리는 그런 생각을 할 겨를도 없이 초록 마귀할멈의 악다구니가 스타트 신호라도 되는 양 전력 질주하여 곧장 모퉁이를 돌아 프렌드로 달려갔다.

 늘 많은 아이들로 넘쳐났던 프렌드는 여름방학에다 시간도 저녁 무렵이어서인지 매장 앞 게임기에 두세 명만 놀고 있을 정도로 조용했다. 우리는 몸을 수그린 채 하아하아 숨을 헐떡이며 잠시 말을 하지 못했다.
 "무슨 일이야? 너희들 괜찮니?"
 말을 걸어 준 건 늘 무섭다고 느꼈던 프렌드의 주인 아주머니였다. 초등학생 두 명이 공포에 질린 표정으로 달려와서는 꼼짝도 안 하니, 아주머니도 깜짝 놀랐을 것이다.
 "진정하고 앉아."
 아주머니는 게임기 옆에 있는 둥근 의자 두 개를 들고 가게 안으로 들어와 라무네(일본의 탄산음료-옮긴이 주)를 내왔다. 여전히 무뚝뚝했지만 여느 때보다 조금 다정한 말투였다. 나는 긴장의 끈이 끊어져 조금 울고 말았다. 프렌드의 주인아주머니는 아무것도 묻지 않고 가게 안쪽의 늘 앉던 자리에 앉아 우리를 지켜보았다. 통통한 몸으로 듬직하게 버티고 있는 모습이 빌리켄(머리 부분이 뾰족하게 생긴 나상으로 복을 가져다주는 신-옮긴이 주) 님 같아서 그때의 우리에게는 누구보다 든든했다.

프렌드의 주인아주머니는 공포의 귀신할멈이 아니라 그저 조금 무뚝뚝할 뿐 상냥한 아주머니였다. 우리는 멋대로 아주머니를 무섭다고 단정하고 말았다.

'공포의 귀신할멈이라고 불러서 미안해요.' 나는 마음속으로 사과했다.

그날 우리는 주의 깊게 주위를 살폈지만 초록 마귀할멈이 프렌드 근처를 지나간 적은 없었다. 아마 나우에서 가까운 출구로 빠져나간 모양이었다. 한 시간쯤 지나서야 겨우 마음을 놓을 수 있었다.

그나저나 무서워서 겨우 도망쳤는데 같은 날 다시 만나다니 그보다 무서운 체험이 있을까. 어쩌면 우리

스즈키 가의 상자

와 초록 마귀할멈이 같은 전철을 타고 시부야에서 에비스까지 이동했을지도 모른다. 그렇게 생각하니 등골이 서늘해질 정도로 오싹했다.

이것이 내 인생에서 지금도 잊을 수 없는 공포의 하루다. 지금 생각하면 그렇게 무섭지 않지만, 지금도 잊지 못하는 것이 당시 내가 얼마나 무서웠는지를 말해준다. 그 뒤로 몇 년 동안은 시부야에 갈 때마다 초록 마귀할멈이 있지 않을까 하고 조마조마하며 걸었다.

그런 공포의 기억으로부터 30년 이상의 시간이 흘러 활기가 넘쳤던 야마시타 쇼핑센터도 차례차례 문을 닫았고, 20년 전쯤에 결국 폐쇄되었다. 셔터가 내려진 상태로 몇 년을 보내다가 상점가를 재이용하여 에비스 요코초라는 새로운 명소로 다시 태어났다.

그동안 나는 나이를 먹었고, 열 살이던 나는 마흔여섯 살이 되었다.

지금 그 공포의 하루를 냉정하게 생각해보면 전혀

다르게 보인다. 초록 마귀할멈이 히스테릭했던 건 사실이다. 하지만 지금은 나도 그 부인만큼이나 나이가 들었고 노안도 심해져서 화장을 하는 데도 애를 먹는다. 립스틱이 삐져나오기도 하고, 한쪽 아이라인을 그리다 삐끗해서 잘못 그리고는 반나절이 지나서야 알아차리기도 한다. 그 부인도 어쩌면 노안으로 잘 보지 못했을 수도 있고, 뭔가를 먹은 뒤에 입을 닦다가 립스틱이 쓸려서 삐져나왔을 수도 있다. 딸이 부탁한 선물을 구하러 더운 날씨에 시부야까지 왔는데 찾는 물건도 없고 힐끔힐끔 쳐다보는 초등학생 두 명에게 짜증이 나서 고함을 질렀는지도 모른다. 호르몬 밸런스가 좋지 않은 날이었는지도 모른다. 그리고 에비스까지 갔는데 여전히 상품이 없어서 점원에게 화풀이를 했을 것이다. 어쩌면 시부야에서 "에비스 점에는 재고가 있습니다"라는 말을 들었는지도 모른다. 그렇게 생각하니 이제는 그 부인의 마음을 조금은 이해할 것 같았다. 나는 그녀가 인간이 아닌 요괴라고 생각했지만, 결코 그렇지 않은 평범한 중년 여성이었다.

그리고 유치원 때 봤던 그 엄마도. 물론 어린아이에게 욕을 하는 것은 어처구니없는 일이지만, 저렇게 야단법석을 떨어대는 것도 아이를 생각하는 마음에서 그런 거라는 걸 아이를 낳은 지금이라면 조금은 이해할 수 있다.

어린 시절의 공포는 지금보다 수백 배나 증폭된 것이다. 프렌드의 주인아주머니가 그랬던 것처럼, 내가 만났던 그 분도 평소에는 상냥한 면도 있고, 그때 봤던 무서운 면은 그 사람의 극히 일부일 것이다. 그렇게 생각하니 지금 그분들을 만나 이야기를 나누고 싶은 마음이 든다.

"그날은 너무 기분이 안 좋았어", "우리는 등골이 오싹할 정도로 무서웠어요"라고 에비스 요코초에서 술잔을 기울이며 웃고 떠들 수 있을까.

에비스 요코초를 지날 때면 늘 그런 상상을 하며 히죽히죽 웃곤 한다.

_____ 나는 솔직히 지브리 영화에 대해 잘 모른다. 본 적은 있지만 개봉 당시에 본 것이 대부분이라 오래되어 기억이 희미하다.

얼마 전 내가 운영하는 온라인 살롱 '스즈키 P 패밀리'의 멤버들과 함께 〈귀를 기울이면〉 실사판을 보았다. 지브리 판을 거의 기억하지 못해서 어디가 재현되었는지 전혀 알지 못한 나는 사람들의 이야기를 따라가지 못했다. 내가 지브리 이야기를 따라가지 못하는 건 늘 있는 일이라서 멤버들은 모두 처음 보는 아이에게 가르치듯 친절하게 설명해준다. 고마운 일이다.

참고로 아빠가 하는 라디오도 몇 번밖에 들어본 적이 없고, 아빠가 쓴 책은 한 번도 읽어본 적이 없다. 아빠가 TV에 출연하거나 어떤 상을 받았을 때도 친구나 멤버로부터 연락을 받아 알게 되는 것이 대부분이다.

_____ 스즈키 가의 상자

이렇게 말하면 놀라겠지만, 나는 아빠의 일이나 지브리에 관해서는 주위의 누구보다도 무지하다.

나는 왜 아빠나 지브리에 무지한가.
어쩌면 무의식적으로 피해왔기 때문인지도 모른다. 나는 오랫동안 지브리를 좋아하지 않았다. 지브리 영화를 보면 복잡한 기분이 든다. 언제나 나를 따라다니는, 결코 벗어날 수 없는 '지브리'라는 이름에 대한 거부감, 그리고 가족에게서 아빠와의 시간을 빼앗는 지브리를 나는 도저히 좋아할 수가 없었다.

초등학교 시절 같은 반 남자아이에게 "너네 아버지, 아리온 사인 받을 수 있지? 일생일대의 부탁이니까 받아다줘"라는 수수께끼의 부탁을 받았다. 아리온은 커녕 아빠가 무슨 일을 하는지도 몰랐던 나는 처음에는 거절했지만, 그 친구의 열정에 못 이겨 아빠에게 물어보기로 했다.

"친구가 아리온 사인을 받고 싶어 하는데, 아리온이

뭐야?"라고 묻자, 아빠는 "〈아리온〉이라는 애니메이션 속 캐릭터야"라고 답했다.

그럼 사인은 무리 아닌가? 갠 무슨 말을 하는 거야…… 하며 어리둥절하고 있는데, 아빠가 어디선가 색종이를 꺼내와 아무런 망설임도 없이 자신의 사인을 해서 내게 건네주었다.

내가 훨씬 더 어렸을 때 아빠가 다다미방 탁자에 앉아 아빠 이름을 여러 가지 패턴으로 여러 번 종이에 썼던 기억이 난다.

"왜 자꾸 이름을 써?"라고 내가 묻자 아빠는 "언젠가 쓰게 될 날을 대비해서 사인 연습을 하는 거야"라고 말했는데 어린 마음에 '보통 사람이 사인할 일이 있나' 하고 의아해했었다. 그런데 지금은 현실이 되었으니 그때의 아빠가 옳았던 것이다.

그러나 아빠가 사인을 많이 하게 되는 것은 여전히 먼 이야기였고, 아리온의 사인을 부탁했을 때만 해도 아빠의 사인을 원하는 사람은 없었던 것이다. 적어도 내 주변에는. 그래서 나는 그 친구가 원하는 것이 아빠의 사인이 아니라는 것을 어렴풋이 눈치채고 있었다.

이걸로 괜찮을까? 아무래도 아닌 것 같은데……. 반신반의하면서 다음날 "이것밖에 받지 못했어"라고 그 색종이를 그 친구에게 쭈뼛쭈뼛 건네주었다. 그러자 놀라운 반응이 돌아왔다. 그 친구는 춤을 추듯 펄쩍펄쩍 뛰더니 눈물을 글썽이며 기뻐했다.

"와! 대박! 아리온이다!"

그렇게 외치던 그 친구는 그 사인을 당시에는 정말로 아리온이 한 것이라고 생각했던 것 같다. '스즈키 도시오'라고 분명하게 쓰여 있는 데도. 저렇게 기뻐하는데 아무 말도 하지 말자고 생각한 나는 쓴웃음을 지으며 그 자리를 모면했다. 그 친구는 몇 년 후 뭔가 이상하다는 걸 알아차렸을까.

아빠가 조금 특수한 일을 하고 있다는 걸 내가 처음으로 느낀 순간이 초등학교 시절의 이 사건이었다. 그리고 〈바람계곡의 나우시카〉, 〈이웃집 토토로〉가 상영되면서 아빠의 일을 잘 몰랐던 시절이 생각나지 않을 정도로 나는 주위에서 아빠의 일 때문에 놀림을 받았다. 지금 생각하면 칭찬이었을지도 모른다. 하지만 '나우시카', '토토로'라고 불리는 것이 싫어서 견딜 수가 없었다.

전에 〈게게게의 아내ゲゲゲの女房〉(만화가 미즈키 시게루의 부인 무라 누노에가 쓴 에세이를 드라마화했다-옮긴이 주)라는 드라마를 봤을 때, 미즈키 시게루水木しげる(일본 요괴 만화의 거장. 대표작으로 〈게게게의 기타로ゲゲゲの鬼太郎〉가 있다-옮긴이 주)의 딸이 아버지의 일을 숨기는 것을 보고, 그 마음을 누구보다 잘 알 것 같았다.

부모의 무언가로 주목을 받는다는 것은 아이에게는 고통일 뿐이다. "대단하네"라고 말을 해줘도 아무튼 화제로 꺼내지 말아달라고 마음속으로 기도하며 눈을 감을 뿐이다.

어릴 때만이 아니라 성인이 될 때까지 이런 감정은

 스즈키 가의 상자

계속되었다. 만나는 사람마다 아빠에 대해 직접 이야기하는 일은 별로 없었지만, 공통의 친구들로부터 들은 이야기 등 어떤 계기로 알려지는 경우가 많았고, 그때마다 몹시 놀라서 몹시 불편한 기분이 들었던 것이다. 〈컨트리 로드〉를 쓰고 나서는 더욱 그랬다.

〈컨트리 로드〉를 작사한 것은 내 인생의 큰 자랑이지만, 〈컨트리 로드〉 이야기를 하면 아빠 얘기도 해야 하는 딜레마가 있었다.

하지만 서른 살 무렵부터 나는 다른 사람들이 아빠나 지브리에 대해 말하는 것이 싫지 않았다. 칭찬은 칭찬으로 순순히 받아들이게 됐고 아빠의 팬이라는 말을 들으면 고마운 마음이 들게 됐다.

"지브리 상품 중에 갖고 싶은 게 있는데 구할 수 있어?"라고 누가 물어도 '지브리 상품을 갖고 싶어 하다니 기뻐'라고 생각하게 된 것이다.

그건 어떤 의미에서는 일종의 체념이었는지도 모른

다. 내가 아무리 거부해도 어차피 그 말을 들을 거라면 받아들이는 수밖에 없다. 지브리나 아빠는 나의 일부이고, 그걸 좋아한다고 말해주는 것은 나의 일부를 좋아한다고 말해주는 것이다. 지브리에 매력을 느끼고 나를 좋아하게 된 사람도 나를 좋아한다는 사실에는 변함이 없다고 스스로에게 타일렀는지도 모른다.

그러나 그 마인드 컨트롤의 효과는 절대적이었다. 스즈키 도시오의 딸이라는 사실이 싫지 않고 오히려 기뻤고, 지브리에 대해 이야기하거나 뭔가를 부탁받는 일도 기쁨으로 바뀌었다. 한마디로 '어른이 되었다'는 뜻일까.

아빠와의 관계가 조금씩 변해간 것도 그 이유가 아닐까 생각한다. 단카이 세대(일본의 베이비붐 세대)의 아버지들은 모두 그랬겠지만, 우리 아빠는 특히나 바빴다. 매일 새벽 2시가 넘어서야 집에 와서 얼굴을 마주치는 일도 없었다. 어릴 때는 아빠가 같은 집에 사는 줄도 모르고, 일요일에 만나면 아빠에게 "또 와"라고 말했다고 한다.

집이 넓은 것은 아니었다. 한마디만 하면 내용까지 알 수 있을 정도였지만, 그만큼 만날 기회가 없었던 것이다. 나는 TV에서 홈드라마를 볼 때마다 '가족이 다 함께 매일 저녁을 먹는다는 건 어떤 느낌일까?'라고 동경했다. 엄마도 일을 하고 있어서 나를 돌봐주는 분이 와있었고, 학교가 끝나면 낮에는 집에 늘 혼자여서 더욱 그런 가족에 강한 동경을 품게 됐다.

'아빠가 자영업을 했더라면 좋았을 텐데', 〈세상살이 원수천지渡る世間は鬼ばかり〉(부부와 다섯 명의 딸들, 그리고 각 가정의 생활을 그린 홈 드라마 - 옮긴이 주)에 나오는 '고라쿠' 같은 라면집을 했더라면 좋았을 텐데. 그랬더라면 '나우시카'니 '대단하다'니 그런 말도 듣지 않아도 됐을 텐데.' 늘 그렇게 생각했다.

이따금 얼굴을 마주치는 아빠는 지금 생각하면 잔소리를 하기보다 오히려 이해심이 많은 아빠였던 것 같다. 하지만 그 당시 나는 아빠를 '일만 하고 가족에게는 관심이 없는 아빠'로 여겼다(지금도 여전히 그렇게 생각하지만).

아빠와는 대조적으로 엄마는 매우 엄격하고 지나치게 간섭하는 타입이었다. 사춘기 시절의 나는 엄마의 지나친 간섭과 아빠의 무관심 사이에 끼어 그 불균형에 짜증을 느꼈고, 특히 별로 얼굴을 볼 일이 없는 아빠를 '같은 집에 사는 타인'이라는 아득한 존재로 여겼다. 실제로는 그렇게 남이었던 건 아니고, 가족끼리 식사를 하러 가거나 여행을 가는 경우도 있었지만, 마음속에는 그런 거리감이 있었다.

그런 나와 아빠의 관계는 내가 서른 살을 바라보던 무렵부터 조금씩 변해갔다. 그 전까지는 밖에서 노는 일이 많아서 본가에 살아도 집에 가는 것은 한밤중이었지만, 나와 친구들도 일을 하게되면서 노는 스타일도 바뀌고 조금은 안정된 생활을 하게 됐을 무렵이었다.

매주 일요일, 중고등학교 때부터 친하게 지내던 친

 스즈키 가의 상자

구 네 명이 집에 와서 우리 가족과 남자친구와 다 함께 저녁을 먹고, 영화를 보는 것이 습관이 되었다. 우리는 그 모임을 '일요 식사 모임'으로 불렀다.

엄마가 만든 저녁을 먹고 나면 벽돌집에 가서 아빠가 준비한 DVD 몇 개 중에서 그날 볼 영화를 의논해서 정했다. 화제가 된 서양 영화를 보기도 하고 아빠가 좋아하는 옛날 일본 영화를 보기도 했다. 지금도 체 게바라의 젊은 시절을 그린 〈모터사이클 다이어리The Motorcycle Diaries〉와 킬러가 닥치는 대로 사람을 죽이는 〈노인을 위한 나라는 없다No Country For Old Men〉, 구로사와 아키라 감독의 〈살다生きる〉, 시대극 〈할복切腹〉 등의 영화가 기억에 남는다.

〈할복〉은 제목부터 전혀 관심을 끌지 못했지만, 아빠가 하도 '명작'이라고 우기는 바람에 보았다. 다들 흑백 시대극 같은 걸 볼 기회가 거의 없었는데, 본 후에는 "의외로 재미있었다"며 분위기가 달아오르자, 아빠는 만족스럽게 "그렇지? 보니까 좋았지?"라고 의기

양양한 표정을 지었다.

 지금 생각하면 그것이 '스즈키 P 패밀리'의 시작이었다고 생각한다.

 친구들을 통해 나는 어떻게 말해야 할지 몰랐던 아빠와 자연스럽게 대화할 수 있게 됐다. 내 친구들과 다정하게 이야기하는 아빠를 보고 나도 그렇게 이야기할 수 있게 됐다.

 한번은 그중 한 친구에게 일에 관한 고민을 듣고 아빠에게 조언을 구하러 간 적이 있다. 나는 취직을 해본 적이 없어 사회에 대해 잘 몰랐지만 사회 선배인 아빠에게 물으면 좋은 조언을 얻을 수 있을 것 같았다. 그것이 내가 아빠와 처음으로 단둘이 대화를 나눈 시간이었다.

 처음으로 벽돌집에 혼자 갔을 때는 무척 긴장했던 기억이 난다. "쓸데없는 소리"라고 툭 던지듯 말하는 버릇이 있는 아빠에게 냉담한 말을 들을지도 모른다.

스즈키 가의 상자

그렇게 생각하며 머뭇머뭇 벽돌집으로 갔는데, 뜻밖에도 아빠는 친절하게 이야기를 들어주고 적절한 조언을 해주었다.

그 일은 나에게 아빠에 대한 성공 체험이 되었고, 그러한 경험을 몇 번 반복하는 동안 아빠와의 관계가 조금씩 변해갔다. 그와 동시에 지브리에 대한 거부감도 차츰 희미해졌다. 내 친구들에게도 가족이 생기고 만나는 빈도도 조금씩 줄어들자, 일요 식사 모임에는 아빠의 직장 동료와 그 친구들이 오게 됐다(그 중 한 명이 클럽하우스 '아빠와 딸의 영화 이야기'에 함께 참여하고 있는 하쿠호도의 고마쓰 씨다). 아빠를 좋아하고 존경하는 그들과 시간을 보내면서 나는 전보다 아빠에 대해 더 많이 알게 되었다. 그들이 말하는 아빠는 내가 아는 아빠와는 전혀 다른 인물이었고, 일터에서는 다른 느낌이라는 것을 알게 되어 매우 흥미롭고 재미있었다. 집에서는 늘 빈둥거리며 누워있기만 하는 모습만 보는데다가 프로듀서가 무슨 일을 하는지도 잘 몰랐는데, 매일같이 여러 사람을 만나 여러 가지 중요한 결정을 내리는 것 같았다.

그리고 지브리를 좋아한다고 말하는 그들이 이야기하는 지브리 영화도 내가 봤던 지브리 영화와는 전혀 다른 것이었다. 순수한 마음으로 지브리 영화를 본다면 어떤 느낌일까. 그들의 이야기를 듣고 있자니 왠지 내가 너무 아까운 시간을 보내고 있다는 들었다. 아빠와 지브리에 대해 더 알고 싶다. 나도 순수한 마음으로 지브리 영화를 보고 싶다. 그런 생각이 들기 시작한 것은 그 무렵이었다. 하지만 좀처럼 그럴 기회도 계기도 없었다.

그로부터 몇 년의 시간이 흘렀고, 시대는 코로나 사태라는 누구도 겪어보지 못한 혼란기에 돌입했다. 누구에게 언제 무슨 일이 일어날지 모를 불안 속에서 아빠도 언제까지 건강할지 알 수 없다. 앞으로 아빠와 함께 보낼 시간이 얼마나 있을까 하는 생각도 들었다. 마침 그때 스마트폰 뉴스에서 개그맨 히가시노 고지 씨가 딸과 유튜브 라디오를 하고 있다는 기사를 읽었다. 부녀가 이런 식으로 일을 통해 관계를 맺는다는 것이 어쩐지 멋지다는 생각이 들어 '나도 아빠와 일해보고 싶다!'고 생각하게 되었다.

아빠와 나의 공통점은 '영화'였다. 아빠와 대화할 때면 대개 영화 이야기를 했다. 아빠와 영화에 대해 이야기하고 그 모습을 방송으로 내보내면 재미있지 않을까 하는 생각이 들었다. 타이틀은 '아빠와 딸의 영화 이야기'다. 유튜브에 올릴까도 생각했지만 그건 조금 부담스러웠다. 아무도 듣지 않는 것은 서글프지만, 너무 많은 사람이 듣는 것도 겁이 났다. 이때 마침 클럽하우스의 존재를 알게 됐고 적당히 폐쇄적이라는 점이 마음에 들어 '아빠와 딸의 영화 이야기'를 클럽하우스에서 방송하기로 결정했다.

하지만 생각해보니 아빠와 단둘이 있던 적은 인생에서 몇 번밖에 없었다. 그런데 단둘이 이야기를 나눈

다니 상상만 해도 부끄러웠다. 아니, 절대로 무리다.

그래서 나는 생각했다. 그래, 누군가를 끌어들이는 거야!

아빠와 영화에 대해 이야기하고 싶은 사람들을 모아놓고 다 같이 이야기하면 재미있지 않을까? 그런 기회를 기다리는 사람들도 있을 테고, 나도 아빠와 단둘이 마주보고 있지 않아도 되니 일석이조다! 무엇보다 우리 부녀는 떠들썩한 것을 좋아한다. 아빠와 딸이 다른 사람을 끌어들여 함께 뭔가를 하다니, 생각만 해도 가슴이 설레는 이상적인 형태라고 생각했다.

이렇게 해서 영화를 이야기하는 온라인 살롱을 하자고 결심하기에 이르렀다. 온라인 살롱이라는 것을 잘 알고 있는 것은 아니었다. 라인 뉴스에서 몇 번 그 말을 본 정도였으나, 소꿉친구가 온라인 살롱을 하고 있어서 이야기를 들어보기도 하고 나름대로 공부를 했다. 살롱에 따라 방법도 규모도 여러 가지가 있을 것 같아서 일단 시작하고, 나머지는 아직 보지 못한 멤버들과 만들어 가면 좋겠다고 생각했다.

살롱 이름은 가족 단톡방 이름이기도 한 '스즈키 P 패밀리('스즈키 프로듀서Producer 패밀리'의 약자)'로 하기로 결정했다. 앞으로 만나게 될 여러분은 가족처럼 스즈키 가의 일원이 되어 우리와 함께 추억을 만들었으면 좋겠고 아빠가 돌아가신 후에도 계속 그 추억을 공유하고 함께 이야기하고 싶다. 그런 마음을 담아 이름을 지었다.

그러고 어느 날 밤, 나는 아빠에게 '잠깐 할 얘기가 있는데 시간 좀 낼 수 있어?'라고 메시지를 보냈다. 아빠는 바로 시간을 내주었다. 내게 그런 연락이 오는 것은 드문 일이라 아빠도 마음의 준비를 했던 것 같다. 내가 벽돌집에 들어가자마자 아빠는 "얘기라니 뭐야? 무슨 일 있니?"라고 물었다. 나는 미리 준비한 개요를 적은 종이 한 장을 아빠에게 건네며 "온라인 살롱을 하고 싶은데 도와줄 수 있어?"라고 말했다. 아빠는 별일 아니구나 싶어 안도의 한숨을 내쉬곤 종이를 보는 둥 마는 둥 하고 빠르게 말했다. "알았어, 도와줄게."
나는 깜짝 놀랐다. 그 종이에는 별다른 내용이 적혀 있지 않았기 때문이다.

> - 아빠와 일해보고 싶다. 그런 취지에서 아빠와 딸의 영화 이야기를 한 달에 한 번 정도 클럽하우스에서 하고 싶다.
> - 유료로 하겠지만, 비즈니스가 아닌 친구를 만들고 즐거운 일을 하는 게 목표라서 얼굴을 기억할 수 있는 소수 인원만으로 운영하고 싶다.
> - 인생의 한 시기에 아빠와 함께 일하고 깊이 교류한 기록을 남기고 싶다.

그 세 가지만 쓰고 나머지는 그 자리에서 설명하려고 했는데, 뜻밖의 대답이 돌아왔다. "어, 아직 여러 가지 정해지지 않았는데 정말로 해주는 거야?"라고 묻는 나에게 "하고 싶다며? 그럼 해야지 어떡해"라고 아빠는 평소의 어조로 말했다.

몽글몽글해진 마음으로 집으로 돌아가는데, 그날 밤 아빠에게 라인으로 "배우기보다 스스로 익혀라"라는 메시지가 왔다.

나 "아빠와의 마지막 추억을 만들고 싶어."
아빠 "뭐야, 난 앞으로 20년은 더 살 거야."
나 "앞으로 20년밖에 안 남았어."

이런 말이 오가는 라인 속 대화가 지금도 내 스마트폰에 남아 있다.

그렇게 해서 온라인 살롱을 시작한 지 벌써 1년이 지났다. 나에게 처음 에세이 전시를 제안했던 하쿠호도의 고마쓰 씨에게는 아무런 설명도 하지 않고 "오늘부터 클럽하우스를 할 거니까 와"라고 메시지를 보내 강제로 참여시켰다.

"일단 처음에는 매주 할 거니까 잘 부탁해"라고 말하자 고마쓰 씨는 아무 망설임도 없이 당연하다는 듯이 매주 와주었다. 지금은 고마쓰 씨도 스즈키 P 패밀리의 일원이 됐다.

트위터에서 선착순으로 모집한 멤버는 일본 각지에 살면서 다양한 재주를 가진 정예 멤버로, 그들과의 교류는 상상 이상으로 즐거우며 매일 자극을 받고 있다. 내가 모르는 아빠를 그들은 당연하게 알고 있고, 그런 그들에게 아빠와 관련된 이야기를 듣노라면 몹시 흥미진진하다. 그들은 수십 년 동안 내가 가족으로 살아온 그 시간만큼 아빠를 다른 시각으로 바라보며 살아왔다. 그들의 머릿속에는 아빠의 연표가 전부 들어 있어, 어느 시기에 아빠가 어떤 활약을 펼쳤는지도 아주 세세하게 들려준다. 이런 재미있는 이야기를 들을 수 있다니 상상도 하지 못했다.

아빠가 나와 똑같은 말을 할 때가 있는데, 그럴 때마다 새로운 공통점을 알게 된다. 예전에는 아빠를 닮았다는 소리가 듣기 싫었는데, 아빠를 좋아하는 사람들에게 닮았다는 소리를 들으면 조금은 기쁜 마음이 드는 것도 새로운 발견이다.

아빠와 멤버들의 교류를 통해서도 아빠의 다른 면을 볼 수 있다. 아빠는 내가 생각했던 것보다 훨씬 성실하고 다정하고 박식하고 좋은 말을 한다. 오랜 세월 가족으로 지내면서도 모르는 부분이 많이 있구나 하는 생각이 드는 요즘이다.

나보다 훨씬 더 아빠를 잘 아는 친구들에게 아빠가 어떤 사람인지 더 듣고 싶다. 지브리 영화를 순수한 마음으로 좋아하게 된 모두에게, 지브리의 어떤 점을 좋아하는지 듣고 싶다. 순수한 마음으로 보고 들으면 어떻게 느끼고 어떤 부분에 감명을 받는지 알고 싶다. 내가 느끼지 못한 감동을 그 사람들을 통해 느끼고 싶다.

그리고 그런 친구들과 아빠가 어떻게 관계를 맺어갈지 더 지켜보고 싶다. 나는 그런 친구들과 아빠를 이어주고 그 친구들을 통해 아빠와 한 번도 해보지 못한 대화를 나누고 싶다. 그것은 나에게도 친구들에게도 새로운, 가슴 설레는 경험이 될 게 분명하다.

그때 온라인 살롱을 시작해서 진심으로 다행이라고 생각한다. 나와 아빠 그리고 스즈키 가의 역사가 '스즈키 P 패밀리'와 함께 만들어지는 과정을 보는 게 최고로 즐겁다.

앞으로도 새로운 발견과 체험에 설레며 매일을 보낼 수 있으면 더할 나위 없이 행복할 것이다.

───── 스즈키 가의 상자

———— 내가 중학생이었을 때는 츠무기 다쿠의 만화가 대유행하여, 반에서는 《눈도 깜빡이지 않고》나 《책상을 무대로》 단행본을 다 같이 돌려가며 읽곤 했다. 츠무기 다쿠가 그리는 선이 가는 우수에 젖은 주인공이 무척이나 매력적이어서 사춘기의 우리들에게는 동경의 대상이었다.

특히 열네 살의 고독한 소녀와 폭주족 소년의 순애보를 그린 《핫로드》는 충격적이었는데, 주인공인 가즈키와 하루야마의 어른스러운 대화와 한 번도 발을 들인 적 없는 불량 세계에 우리는 푹 빠졌다. 지금은 갸루 잡지라는 인상이 강한 〈팝틴Popteen〉이 폭주족 스냅 사진과 체험담으로 가득하던 시절이었다.

극중에 주인공 가즈키가 남자친구 하루야마의 이름을 안전핀으로 팔에 새기는 장면이 있다. 나와 친구는

———— 스즈키 가의 상자

그 장면을 흉내내어 좋아하는 사람의 이름을 손등에 새겼다. 아픔을 참으면서 이름을 가늘게 새기고, 유성 펜으로 그 선을 따라 색을 입혔다. 그 과정이 꽤나 아팠기 때문에 며칠이면 사라지는 귀여운 정도로 그쳤지만, 만약 그때 내게 더 근성이 있어 지금도 손등에 이름이 새겨져 있을 거라 생각하면 몸서리가 쳐진다. 근성이 없어서 정말 다행이다.

또 하나, 극중에서 가즈키가 유행시킨 게 있다. 소독액인 옥시돌로 머리카락을 탈색해서 갈색으로 염색하는 것인데, 갈색으로 염색한 가즈키는 더 어둡고 어딘가 퇴폐적이어서 멋있었다.

나도 가즈키처럼 갈색 머리를 하고 싶었고 옥시돌로 머리를 염색하고 싶었다. 가즈키처럼 우수에 젖은 연약한 여자가 되고 싶었다. 물론 학교에서는 갈색 머리를 금하고 있었고, 우리 엄마는 규칙을 엄하게 지키는 사람이라 극구 반대할 게 뻔했다.

그 무렵 나는 등허리까지 내려오는 긴 머리에 얼굴

주변의 옆머리만 고불고불 파마하는 수수께끼 같은 헤어스타일을 하고 있었다. 전체적으로 파마를 하면 엄마가 절대 반대할 터라 고육지책으로 옆머리만 파마한 것이다. 옆머리만이라면 드라이기로 펼 수도 있고 묶어서 안에 집어넣으면 엄마는 눈치채지 못할 것이다. 나는 눈에 보이는 부분만 신경 쓰는 타입이라 앞에서 봤을 때 고불고불한 파마머리면 그걸로 족하다. 하지만 갈색 머리는 그렇지 않다. 부분 염색만 해도 눈에 띄어서 우리가 머리를 물들이는데 어른들은 민감하게 반응했다.

이건 어떻게 해야 할까. 어떻게 하면 엄마 몰래 자연스럽게 갈색으로 머리를 물들일 수 있을까. 나는 골똘히 생각했다. 그러다 한 가지 방법에 떠올랐다.

"그래, 엄마 머리도 갈색으로 염색해주자!"

엄마가 자연스럽게 갈색 머리가 되면 '나도 같은 색이잖아' 하고 넘어갈 수 있다. 햇볕에 탔다느니 머리가 상했다느니 여러 가지 이유를 대면서 같은 환경에서

스즈키 가의 상자

생활하는 두 사람이 점점 갈색 머리가 되면 되는 것이다. 최고의 아이디어라고 생각했다.

그렇다면 문제는 어떻게 해야 엄마의 머리카락을 갈색으로 바꿀 수 있을까. 아무리 그래도 탈색을 할 수는 없다. 단번에 갈색으로 바꾸면 들통이 날 테니 매일 조금씩 눈치 채지 못할 정도로 갈색으로 변하는 게 이상적이다.

옥시돌을 스프레이 병에 넣고 매일 뿌리면 자연스레 갈색이 되지 않을까. 하지만 옥시돌이란 약품은 냄새가 꽤 심하다. 이걸 그대로 머리에 쓰면 머리 냄새가 지독해서 바로 들통 날 게 뻔했다. 그래서 나는 잡화점에서 산 스프레이 병에 옥시돌 약품을 넣고 물을 다섯 배 부어 희석한 수제 탈색제를 만들었다. 그래도 냄새는 희미하게 남아 있었다. 어쩐지 희미하게 시큼한 냄새가 났다. "물이 썩었나?" 하고 의심해도 이상하지 않을 정도였기 때문에 더 좋은 냄새가 필요했다.

그때 우리 사이에서는 어그리라는 달콤한 향기가

나는 트리트먼트가 유행하고 있었다. 강한 외국 향이 나는 어그리를 섞으면 시큼한 냄새가 사라지지 않을까. 약품과 트리트먼트를 섞어도 되는지 조금 불안했지만, 해보는 수밖에 없다고 생각해 옥시돌과 물을 다섯 배 넣은 스프레이 병에 한 티스푼의 어그리를 넣고 힘차게 흔들었다. 무색투명했던 물은 순식간에 뿌옇게 변했고, 스프레이를 뿌려보니 물은 조금 미끈미끈했으며, 시큼한 냄새는 어디론가 사라지고 달콤한 어그리 향이 나는, 왠지 머리카락에도 좋을 것 같은 액체로 돌변했다. 이거야! 이걸 "머리카락에 좋은 트리트먼트니까 드라이하기 전에 뿌리면 좋아"라고 엄마에게 말해보자!

그리고 그날 밤부터 나와 엄마의 옥시돌 공방전이 시작되었다. 애당초 엄마는 머리에 뭔가를 하는 걸 좋아하지 않아서 "그런 건 안 해도 돼"라고 말했다. 나는 재빨리 엄마의 머리털을 집어 들었다. "여기 머리카락 갈라진 것 좀 봐. 이대로 두면 파마도 안 될 정도로 심하게 상할 걸." 예순이 넘었는데도 흰머리 하나 없는 깨끗한 검은 머리를 자랑하는 엄마는 그 말에 조금 반응했다.

"뭐? 그렇게 상했어? 상한 적이 없는데 왜 그러지?"

"나이가 들면 누구나 상해. 먼저 머리카락 끝이 갈라지고 거기서부터 점점 더 심해져서 흰머리가 되는 거야."

갈라진 머리털 같은 건 본 적도 없는 엄마는 내가 갈라진 머리라고 보여준 머리카락 끝을 보고 "잘 보이지 않지만 그런가보네" 하고 고개를 갸웃거렸다. 물론 갈라진 머리 같은 건 없으니 보일 리가 없다.

내 말에 불안해진 엄마는 "그럼 써볼까?" 하고 스프레이를 손에 들고 머리에 뿌리고는 "이게 좋은 거야?" 하고 물었다. 나는 "머리를 빗으면서 더 골고루 발라"라고 말했다. "냄새 좋다. 왠지 머릿결도 부드러워진 것 같아." 신나게 떠드는 엄마를 보며 나는 싱긋 웃었다. 내일 아침이 기대된다.

그러나 다음날 아침 엄마의 머리카락은 여전히 까만 상태였다. 옥시돌 양이 너무 적었는지, 방법이 잘못됐는지 몰라 그날은 옥시돌 배합을 조금 늘려 엄마에게 건넸다.

하지만 다음 날도, 그 다음 날에도 엄마의 머리카락은 까맸다. "요즘 머릿결이 좋아진 것 같아"라며 엄마는 기뻐했지만, 나는 '내가 원하는 건 그게 아니야!'라고 속으로 외쳤다.

나는 미용사에게 어떻게 하면 갈색이 될 수 있는지 물어봤다. 아무래도 옥시돌을 바른 후에 드라이기로 말리는 게 좋은 모양이다. 어그리는 섞지 않는 편이 좋다고 했다.

엄마의 머리가 갈색이 되지 않으면 나도 갈색이 될 수 없다. 초조해진 나는 엄마 머리에 직접 옥시돌을 뿌리기로 했다.

"지금까지 잘못된 방법을 썼어. 스프레이 후에 드라이를 하면 윤기가 난대. 내가 해줄게."

 스즈키 가의 상자

나는 그렇게 말하면서 옥시돌을 머리 구석구석까지 뿌렸다. 어그리는 넣지 않고 희석시키지 않은 순수 옥시돌과 물로 갈색을 만든 다음 향기로운 헤어스프레이를 듬뿍 뿌려 속이기로 했다. 순도 높은 옥시돌 스프레이는 솔직히 심하게 냄새가 났다. 스프레이를 뿌릴 때마다 숨이 막힐 지경이었다. 하지만 나는 꾹 참고 머리카락을 조금씩 떼어내 옥시돌 스프레이를 뿌리고, 머리빗과 드라이어로 드라이를 한 다음 좋은 냄새가 나는 스프레이를 뿌리고 다시 머리카락을 조금씩 떼어내 옥시돌 스프레이를 뿌리는 작업을 반복했다.

엄마가 도중에 "뭔가 이상한 냄새가 나지 않아?"라고 물었지만 그럴 때마다 "그거 드라이어에서 나는 냄새야"라고 얼버무리고는 곧바로 좋은 향이 나는 스프레이를 듬뿍 뿌렸다. 그리고 엄마에게 "이 스프레이 냄새 좋지 않아?" 하고 말하면 엄마는 "진짜네"라고 웃고 넘겼으므로 무사히 넘어갈 수 있었다.

드라이어의 효과는 대단했다. 엄마의 눈에 보이지

않는 사각지대 안쪽에 있는 머리카락이 순식간에 갈색으로 변했다. 흥분해서 비명을 지르고 싶은 마음을 억누르며 겉은 조금씩 갈색으로 변하도록 옥시돌 스프레이의 양과 드라이 시간을 조절했다. 엄마의 머리가 갈색으로 변했으니 이제 내 차례다.

꿈에 그리던 갈색 머리였지만 단번에 갈색이 되면 안 된다. 엄마와 같은 갈색이 되도록 조절하면서 끈기 있게 물들여가기로 결심했다. 매일 조금씩, 나 자신도 변화를 알 수 없을 정도로 조금씩 물들이며 일주일 정도 지났을 때, 엄마가 "너 머리 갈색 아니야? 염색했어?"라고 물었다.

"염색 안 했어. 여름이라 햇볕에 탄 거 아냐?"

엄마는 이해할 수 없다는 표정으로 "햇볕에 그을려서 그렇게 된다고? 진짜 염색한 거 아니지?" 의심스러운 눈초리로 나를 쳐다보았다.

이때다, 비장의 대사를 날릴 차례가!

"햇볕에 탄 거야, 엄마도 같은 색 아니야?" 나는 거

 스즈키 가의 상자

울 앞에 나란히 서서 머리 색깔을 비교했다. 엄마가 "그러고 보니 좀 갈색으로 보이기도 하네. 그래도 너보단 까매."라고 해서 내심 불안했다. 갈색 머리를 하고 싶은 마음에 참지 못하고 옥시돌 드라이를 조금 더 오래 했는데, 그 바람에 엄마보다 내 머리 색깔이 좀 더 갈색이었다.

하지만 이쯤에서 나의 마지막 한 수다!

엄마 목덜미에서 갈색으로 염색된 머리카락을 끄집어내고 "봐, 여기는 엄마 쪽이 훨씬 갈색이잖아, 엄만 왜 이렇게 갈색인데?"라고 쏘아붙였다.

엄마는 놀라서 "진짜네. 진짜로 갈색이야, 머리가 상했나?" 하고 갈색이 된 자신의 머리카락을 뚫어져라 바라보았다.

"머리 쪽 피부의 온도로 손상 정도가 달라져서 부위에 따라 갈색이 되기도 하는 건가? 트리트먼트를 하고 드라이를 했는데 그게 머리카락에 별로 좋지 않았나 봐. 드라이가 맞지 않는 머리일 수도 있어. 드라이 때문에 갈색이 됐을지도 몰라"라고 말하자 엄마는 "그렇구나~"하고 납득했다. 나는 "일단 오늘부터 엄마 드라이는 그만해야지. 상하면 안 되니까. 난 잠버릇이 심해서 드라이를 할 거지만 엄마는 더 이상 갈색이 되면 곤란하잖아"라고 말하고 속으로 혀를 쏙 내밀었다.

옥시돌 공방전, 이것으로 완결.

나의 압승이다.

엄마는 트리트먼트나 드라이를 하면 머리가 갈색이 된다는 헛소리를 믿고, 앞으로 내 머리가 갈색이 되어도 나무라지 않을 것이다. 면죄부를 받은 나는 그 뒤로도 가끔 옥시돌 드라이를 해서 좋아하는 갈색 머리를 길게 기른 채 중학생활을 보냈다.

하지만 머지않아 학교에서 소문이 나서 생활 지도 선생님께 호되게 야단맞고 머리를 검게 하겠다고 약속을 해야 했다. 집에다는 "머리가 갈색으로 변한 게 아무래도 상한 것 같아서 검게 염색하려고"라고 말한 뒤,

혼자서 검은 머리로 염색했는데, 이것은 공방전으로부터 반년 후의 일이었다.

"햇볕에 그을리고 드라이를 했더니 갈색이 됐어요"라고 생활지도 선생님에게 변명했으나 "그런 건 아무래도 좋으니까 무조건 검은색으로 해"라고 한소리 들었다. 생활지도의 전문가에게 잔꾀는 통하지 않았다.

내가 꿈꾸던 갈색 머리 인생은 6개월 만에 막을 내렸지만, 엄마와의 옥시돌 공방전은 지금도 잊을 수 없는 웃음이 나는 추억이다.

"가슴이 커서 고민이다"라고 말하면 거의 백퍼센트의 확률로 "사치스러운 고민이다"란 대답이 돌아온다. 최근에는 '가슴을 작게 보이게 하는 브라'란 상품이 판매되는 걸 보면 시대가 조금 바뀌었는지도 모른다. 하지만 내가 어렸을 때는 가토 레이코나 호소카와 후미에 같은 이른바 가슴이 큰 탤런트가 인기 있던 시대였다. '가슴이 크다=좋은 거'라는 가치관이 세간에서는 큰 비중을 차지하고 있었다.

　나는 초등학교 때부터 가슴이 컸다. 어릴 때는 다들 그 정도는 된다고 생각했다가 내가 남들보다 가슴이 크다고 느낀 건 초등학교 고학년 때였다. 이웃 아주머니가 유카타를 입혀줄 때 "가슴이 엄청 크네. 아무래도 수건을 넣어 가슴을 가려야겠다"라고 말했던 것이다.

　　스즈키 가의 상자

나는 남들보다 가슴이 크구나 하고 자각했지만, 그것에 대해서 기쁜 감정도 싫은 감정도 없었다. '조금 크구나'라고 생각하는 정도였다.

중학교에 들어가자 가슴은 점점 커졌고 가슴둘레는 93센티미터가 되었다. 일단 브래지어 사이즈가 없었다. 친구가 입는 예쁜 브래지어는 당연히 맞는 사이즈가 없었고 스포츠 브라도 꽉 끼었다. 나는 어깨가 좁아서 밑 가슴둘레는 63센티미터로, 윗 가슴둘레와 30센티미터 차이가 났다. 전체적으로 볼륨감이 있다기보다는 정면으로 튀어나온 듯한 가슴으로, 당시에는 그런 가슴에 맞는 브래지어를 시중에서 팔지 않았다. 맞는 브래지어를 찾지 못해 울며 겨자 먹기로 꽉 끼는 스포츠 브래지어를 입고 매일 괴로워했다.

중학교 3학년 무렵, 그런 나의 고민을 알게 된 엄마가 어느 바자회에서 《당신의 속옷 선택은 잘못됐다》라는 분홍색 표지의 책을 사 왔다. 신주쿠의 프론테라는 속옷 가게 주인이 쓴 책이었다. '사이즈가 맞지 않는 작은 브래지어를 입으면 가슴의 지방이 점점 더 밖으로 빠져나와 등과 팔의 지방으로 변한다'는 내용에 경악했다. 나는 체격은 날씬한데 비해 등과 팔에 지방이 있는 편이다. 맞지 않는 브래지어를 입었기 때문인가 하고 생각했다.

그 프론테라는 가게는 해외에서 산 큰 사이즈의 브래지어 밑단을 수선해서 맞는 사이즈로 만들어주는 곳이었다. 곧바로 예약을 하고 엄마와 함께 브래지어를 보러 갔다. 프론테에는 많은 브래지어가 있었는데, 하나같이 촌스러운 피부색의 풀컵 브래지어에 브래지어 끈도 보통 브래지어보다 세 배 정도 두꺼웠고, 뒤에는 네 개의 호크가 달려 있었다. 나는 아무것도 끌리는 게 없어 울고 싶었다.

하지만 내게 맞는 브래지어는 그것밖에 없었다. 게다가 그 브래지어는 가격도 비싸서 수선비를 포함하면 3만 엔 정도였다. 지금은 큰 사이즈의 예쁜 브래지어도 시중에 판매되고 있지만 그때는 정말 선택의 여지가 없었다. 더는 그런 소소한 일로 고민할 시간이 없었다. 등이나 팔로 지방이 가는 게 싫어서 나는 울며 겨자 먹기로 두 개만 사서 하루에 한 번씩 손빨래를 해서 번갈아 입게 되었다.

내가 '가슴이 큰 게 싫다'고 처음 느낀 것은 브래지어 때문이었다. 알록달록 화려하고 끈이 가는 예쁜 브래지어를 한 친구들을 보면 부러워서 견딜 수가 없었다. 매일 밤 목욕탕에서 예쁘지 않은 브래지어를 손빨래할 때마다 우울한 기분이 들었다.

하지만 끈이 굵은 그 브라는 스포츠브라와는 전혀 달랐다. 수업 시간에 무거운 가슴을 책상 위에 올려놓고 수업을 듣는 버릇이 있던 나는 남자애들의 놀림을 자주 받았는데, 그 브래지어를 입고 나서는 허리를 꼿꼿이 펴도 다소 편해졌다. 아무리 봐도 예쁜 것과는 거리가 멀었지만 실용성은 있어서 다행이었다.

고등학교에 입학하자 성장기에 너무 먹어서인지 체중이 늘었고, 그와 동시에 가슴도 더 커졌다. 그 무렵에는 살이 쪄서 밑 가슴둘레가 70센티미터 정도라면 윗 가슴둘레도 100센티미터 정도로 늘어서 역시 사이즈가 맞는 시판용 브래지어를 찾을 수 없었다.

점점 패션에 관심이 생기기 시작하면서 큰 가슴은 다시 새로운 문제를 야기했다. '옷이 어울리지 않는다'는 것이었다. 가슴이 높이 솟아 있어 헐렁한 옷을 입으면 몸과 옷 사이에 공간이 생겨 포대 자루처럼 보인다. 그렇지 않아도 뚱뚱한데 더 뚱뚱해 보였다. 어깨 폭이 좁아서 전체적으로는 날씬해 보이는 체형으로 옷을 입으면 말라보였다. 가슴만 없었다면 뚱뚱하다는 걸 들키지 않았을 것이다. 그런데 가슴이 커서 다 소용이 없었다.

당시에는 '쫄티'라고 하는 몸에 딱 맞는 작은 티셔츠가 유행이었는데, 내가 입으면 티셔츠 원단의 대부분을 가슴이 차지하는 느낌이 들어 매우 이상했다. 헐렁한 옷을 입어도 딱 맞는 옷을 입어도 어울리지 않았던 나는 조금이라도 날씬해 보이려고 깜찍한 디자인의 딱 맞는 옷을 입기로 했다. 그러자 다시 새로운 문제가 생겼다. '가슴을 강조하는 옷을 입는다'고 소문이 난 것이다. 나는 큰 가슴이 싫어 견딜 수 없었지만, 가슴을 가리려 하면 뚱뚱해 보이고 조금이라도 날씬해 보이려고 딱 붙는 옷을 입으면 강조하는 것처럼 보인다. 그래서 힘들다고 하면 "사치스러운 고민이다"라는 핀잔을 들었다. 아무도 알아주지 않는 고민이라 괴로웠다.

소개팅에 나가면 항상 "몇 컵이야?"라고 물었다. "만져봐도 돼?"라고 묻는 사람도 꽤 많았는데, 큰 가슴을 강조하는 옷을 입은 나에게는 무슨 말이든 해도 좋다는 식이었다. 처음에는 불쾌감을 느꼈던 나도 매번 이런 말을 듣다 보니 '이런 옷을 입은 내가 잘못이지. 그런 말을 들어도 싸다'라고 생각하게 됐고, 그런 말에도 익숙해졌다.

딱히 노출이 심한 옷을 입었던 건 아니다. 체형이 보

통인 사람이 입으면 야하지도 않고 아무렇지도 않은 옷이다. 티셔츠를 입어도 가슴 부분이 팽팽하게 당겨지는 걸 피할 수 없었고 셔츠를 입어도 가슴의 단추 사이가 확 벌어졌다. 그렇다고 내가 남의 눈을 의식해서 포대 자루처럼 뚱뚱해 보이는 옷을 입어야 하는 걸까. 남의 시선을 의식해서 내 패션 스타일을 바꾸고 싶지 않았다. 그래서 나는 몸에 딱 맞는 옷을 계속 입고, '가슴을 강조한다'고 손가락질을 받고 '만지게 해달라'는 헛소리를 계속 듣는 쪽을 택했다. 얼마 지나지 않아 정말로 감각이 마비돼버려서, 내 가슴은 성적 대상이 아니라, 사람들이 "잠깐 그 희한한 놈 좀 만지게 해줘"라고 말할 때의 사마귀와 같다고 느끼게 되었다.

하긴 이런 진기하고 이질적인 물건을 보면 만지고 싶어지는 것도 무리는 아니다. 그렇게 생각하기 시작한 뒤로는 망설임 없이 "괜찮아"라고 말하기로 했다. 하지만 친구라면 몰라도 전혀 모르는 지나가던 사람이 "가슴이 크네", "좀 만져도 돼?"라고 말을 걸어오는 건 싫었다. 그들은 어김없이 몇 명씩 키득키득 웃으며 다가왔다. 그 중에는 내가 무시하고 걸어가면 뒤에서 "젖소", "가슴이 그렇게 크면 좀 만지게 해줘라"라고 공격적으로 말을 내뱉던 무서운 여성도 있었다. 여성들은 "가슴이 크다고 우쭐대지 마!"라고 외치거나, "가슴이 걷고 있는 것 같아서 징그러워!"라고 욕설을 퍼부었다. 동행한 남자가 내 가슴을 뚫어져라 쳐다보는 게 마음에 들지 않았는지, 내 가슴을 봤느니 안 봤으니 하며 다투는 커플들도 몇 번이나 보았는데, 수영장 같은 곳에 가면 으레 볼 수 있는 광경이었다.

나는 그때마다 '이건 사마귀야' 하고 마음속으로 되뇌었다.

고등학교에서 그런 체험만 해서인지 졸업할 무렵에는 완전히 익숙해져서 무슨 말을 들어도 아무렇지도 않았다. 하지만 육체적인 고통은 여전했고, 가슴은 믿을 수 없을 정도로 무거웠다. 두꺼운 브래지어 끈으로 아무리 잡아당겨도 너무 무거워서 어깨가 찢어질 것 같았다. 걸을 때마다 커다란 가슴이 출렁거려 어깨와 가슴 자체가 아팠다.

특히 학창 시절에 참여한 마라톤 대회의 결과는 끔찍했다. 3만 엔짜리 브래지어 두 개를 겹쳐 착용하고 도전했지만, 달릴 때마다 가슴에 와 닿는 충격에 아파서 견딜 수가 없었다. 흔들릴 때마다 뭔가가 폭발하는 듯한 느낌이었다. 너무 아파서 두 손으로 가슴을 받치고 달리자 또다시 '쟤는 가슴을 들고 달린다'는 소문이 돌았다.

나는 사람들이 이 무거운 가슴에 손을 얹고 달리는 게 얼마나 고통스러운지 나만 알고 있다는 사실이 괴로웠다. 이 육체적 고통은 그 후로 수십 년 동안 나를 괴롭혔다. 잠을 잘 때도 가슴이 무거웠고 어떤 자세를 취해도 괴로웠다. 어깨 결림이 없는 날이 없었고, 마사지를 받으러 가도 금세 다시 아팠다.

나는 언제나 '이런 가슴을 버리고 싶다, 찢어버리고 싶다'고 생각했다. "가슴이 크면 인기가 많잖아"라거나 "남자친구가 좋아하겠지"란 말을 자주 들었는데, 나는 한 번도 그런 경험을 해보지 못했다. '큰 가슴을 좋아하는' 남성을 좋아한 적이 없었기 때문이다. 싫다는 건 아니다. 나의 일부라도 칭찬해 주는 건 기쁘지만, 그 말을 들은 시점에서 연애 대상에서 제외되어 버린다. 마음속 어딘가에서 킥킥거리며 다가오는 남성들이 겹치며 혐오감을 품게 되는 부분도 있을지 모른다.

이것이 나의 고뇌의 나날에 갖게 된 트라우마다. 그래서 내가 좋아하는 사람은 모두 "난 가슴 큰 여자 싫어해", "가슴이 작은 여자가 좋아"라고 말하는 사람이었다. 그건 키 작은 남자에게 "꼬맹이처럼 작은 남자는 싫어"라고 말하는 것과 마찬가지로 해서는 안 되는 말이라고 생각한다. 왠지 '가슴이 큰 여자는 싫다'고 말하는 사람들은 조금 자랑스러워하는 것 같았고, 주위의 여성도 칭찬의 눈으로 봤던 것 같았으며, 그렇게 말하는 게 정의라는 분위기였던 것 같다. 나는 남몰래 실연할 때도 있어 슬펐지만, 내가 보통과 다른 특이종이라 어쩔 수 없다고 생각했다.

그런 가운데 가슴과 상관없이 나를 좋아해주는 사람도 있었고, 내 남자친구들은 다 그런 사람들이었다. 나는 가슴이 커서 미안하다는 열등감을 다소나마 갖고 그들과 사귀었다. 물론 그들은 그다지 신경 쓰지 않았겠지만. 그래도 나와 함께 있는 것만으로도 큰 가슴을 좋아한다는 꼬리표가 붙을 수도 있어 괜히 미안했다. 남자 친구가 "되도록 가리고 다녀"라고 말하는 경우도 많아서, 남자 친구가 있을 때는 헐렁헐렁하고 귀엽지 않은 옷을 입어서 가리곤 했다. 지금은 헐렁한 옷이 유행이니 요즘이었다면 훨씬 편했을 것이다. 하지만 당시의 헐렁헐렁한 옷은 힙합을 좋아하는 비보이 남성들이 입는 옷이란 이미지가 강했고 몸집이 작은 나에게는 전혀 어울리지 않았다.

스즈키 가의 상자

20대가 되자 다이어트 효과도 있었는지 나는 점점 살이 빠졌다. 키 158센티미터에 체중은 39킬로그램이었던 적도 있다. 그래도 가슴은 컸는데 윗 가슴둘레가 88센티미터 정도 되자 시판하는 브래지어의 언더바스트를 직접 바느질하여 줄이면, 조금 빡빡하지만 입을 수 있었다. 저렴한 가격에 귀여운 브래지어를 입을 수 있게 된 나는 너무 기뻐서 속옷 수집가처럼 속옷을 사 들였다. 그 수는 100벌을 훌쩍 넘었고, 속옷 옷장을 사서 넣어놓고 매일 화려한 속옷을 갈아입으며 즐겼다.

그 무렵의 브래지어는 가슴에 딱 맞았다기보다는 솔직히 조금 무리를 했던 것 같다. 컵 안에 가슴이 다 들어가지 않아서 밖으로 삐져나온 살이 두 겹으로 접혔고, 티셔츠를 입어도 티가 났다. 또한 수영장에서 비키니 같은 것을 입고 격렬하게 움직이면 바로 유륜이 튀어나왔다. 하지만 나는 사람들이 나를 쳐다보는 것에 익숙해져 있었고 수치심이 어디론가 사라져 버려서 크게 신경 쓰지 않았다. '이렇게 큰데 두 겹으로 접힐 수도 있고 가끔씩 튀어나올 수도 있지'란 느낌으로 행동했다.

　나는 가슴이 큰 것치고는 처지지 않아서 20대 때는 '나는 가슴이 처지지 않는 타입이구나'라고 생각했다. 그러나 서른 살이 넘었을 무렵, 점점 중력을 거스를 수 없게 되었고, 원래부터 앞으로 튀어나와 있던 내 가슴은 점점 아래로 내려갔다. 가슴이 처지는 것은 보기에는 싫었지만 앞으로 튀어나온 것이 아래로 내려가고 볼륨도 줄어들어 크기가 눈에 띄지 않는다는 이점이 있었다. 이전에는 '로켓 가슴'이라는 말을 자주 들었지만, 로켓이 점점 하강하여 가슴이 크다는 걸 들키지 않게 되었다. 옛 친구들까지 "전보다 작아졌다"라고 말하자 나는 "큰 가슴에서 탈출했다!"는 생각에 기뻤다. 탄력이 없어지며 세로로 길게 수납하는 느낌이었지만, 피치존의 브래지어를 해도 가슴이 삐져나오지 않아서 그 시절은 내게 황금기라고 부를 수 있을 정도로 쾌적했다. 가슴이 처지는 것은 아무래도 상관없었다. 어쨌든 큰 가슴으로 불리지 않고 살 수 있어 기뻤다.

하지만 그런 황금기도 불과 3년 만에 끝이 났다. 임신한 것이다. 이제 두 번 다시 거대해지지 않을 거라고 생각했던 내 가슴은 작은 수박 같은 크기가 되었고, 주위에서는 '요괴 젖가슴'이라고 했다. 나는 입덧이 심하고 출산 직전까지 토했기 때문에 체중도 그다지 늘지 않았고 살도 찌지 않았지만, 어쨌든 가슴만은 점점 커졌다. 내가 봐도 '끔찍하다'고 생각할 만큼 이질적인 물체가 몸에 붙어 있었다. 집에서도 손에 들고 있지 않으면 힘들어서 가슴 밑에 판자를 대고 지탱하고 싶을 정도였으므로 자주 베개를 대고 있었다. 머리를 감을 때 앞으로 몸을 구부리면 너무 아파서 남편에게 들어달라고 부탁하고 머리를 감았다.

이 얘기를 했더니 "남편 로또 맞았네"라고 반응한 사람도 있다. 도대체 무슨 상상을 하는 건가. 현실은 강렬한 통증을 유발하는 나의 무거운 가슴을 남편이 한쪽 팔을 뻗어 판자처럼 지탱하면 아픔을 견딜 수 있는 몇 초간 후다닥 머리를 감고, 나와 남편의 한계가 오면 잠시 쉬었다가 다시 씻어내는 간호에 가까운 작업이었다. "로또 맞았네"라고 말했던 사람도 이 짓을 삼 일만 해봐도 질려서 두 번 다시 하고 싶지 않다고 생각할 게 분명하다.

출근하러 역 계단을 올라갈 때도 큰 배보다 가슴이 더 무거워서 두 손으로 들고 다닐 수밖에 없었다. 한번은 전철에서 다른 자리가 많은데도 내 앞에 서서 나를 계속 내려다보던 남자가 있었다. 눈을 최대한 마주치지 않으려고 20분 정도 고개를 숙이고 있다가 목적지에 도착하자마자 서둘러 내렸는데, 그 남자가 나를 따라왔다. 남자는 나를 향해 "커피 한잔하실래요?"라고 말했다. 뜻밖의 헌팅이었다. 서른다섯 살의 배가 남산만한 임산부에 아기 마크도 달고 있었다. 그런 임산부에게 작업을 거는 사람이 있다니. 말로 표현할 수 없을 정도의 충격이었다.

스즈키 가의 상자

"죄송합니다, 지금 시간이 없어요." 사과하고 그 자리를 떠났다.

임신부라 행여 배라도 차일까 겁이 나서 그 남자를 보고 억지로 웃었는데 그 남자는 나와 눈도 마주치지 않고 그저 내 가슴만 응시하고 있었다. 나는 말로 다할 수 없는 공포와 혐오감에 사로잡혔다. 임신부가 되고서도 이런 일을 겪어야 하는 걸까? 속이 메스꺼워 견딜 수가 없었다. 육체적 고통에 더해 지금까지 살면서 맛봤던 불쾌감을 떠올리며 '이제 싫어'라고 소리 지르고 싶은 기분이었다.

그때 나는 결심했다.

"이 큰 가슴을 떼어내자."

──────── '가슴을 떼어내야겠다'고 결심했지만 아이를 낳고 몇 년 동안은 육아에 쫓기느라 여유가 없었다. 모유를 먹이지는 않았다.

출산을 하면 여성의 가슴은 빵빵해지기 마련인데, 내 가슴도 이보다 더 커질 수 없을 정도로 커졌다. 출산 직후 병원에 입원했을 때 간호사의 도움을 받아 딱딱하게 굳은 작은 수박만한 가슴을 두 손으로 마사지하며 어떻게든 모유를 짜내려고 했지만 울음이 터질 정도로 아팠다. 그리고 가슴이 너무 무거워 숨을 쉴 수가 없었다. 누워서도 숨쉬기가 힘들었고, 천식처럼 색색거리는 숨소리가 들렸으며, 밤에도 잠들기가 너무 힘들었다. 담당 의사는 "모유는 포기하는 게 좋겠다"고 제안했다.

내가 출산한 병원은 원래부터 모유 수유를 권장하

──────── 스즈키 가의 상자

는 병원이 아니었고 간호사도 "모유 수유든 완전 분유 수유든 아기의 면역력에는 차이가 없다"며 완전 분유 수유의 이점도 설명해주었다. 그래도 모유를 먹여보고 싶었던 나는 여러 번 시도해봤지만, 아기의 머리보다 큰 젖을 빨게 하는 것은 어려운 일이었고, 아기가 질식할 것 같아 무서웠다.

출산한 지 겨우 이틀 만에 '모유 수유를 포기하기'로 결단을 내리고 모유를 멈추는 주사를 맞았다. 딱딱했던 가슴은 몇 시간 만에 뭔가가 쑥 빠지듯 부드러워지고 묵직했던 무게도 조금은 가벼워졌으며 천식 같은 숨결도 나아졌다. 눈앞에서 모유를 먹이는 엄마들을 보면 부럽기도 했지만 지금 생각해도 그 선택밖에 없었던 것 같다.

출산이 끝나 가슴이 작아지길 기대했지만 내 가슴은 여전히 큰 채로 줄어들 기미가 없었다. 다른 부분은 말라가는데 가슴만은 도무지 살이 빠지지 않았다. '부럽다'는 말을 듣기도 했지만 나에게는 그저 절망의 나날이었다.

  늘어지기 시작한 가슴은 출산 후에도 볼륨을 유지한 채로 늘어져서 예전처럼 작아 보이지도 않았고 그저 큰 가슴이 아래쪽으로 내려간 서양 배 같은 모양이 되었다. 아래로 당기는 힘이 더 강해져서 몇 년 전보다 몇 배나 더 아팠다. 여전히 머리를 감을 때도 가슴이 아파서 일어서게 된 아들을 품에 안고 아들의 머리에 가슴을 얹은 채 머리를 감았다.

  그로부터 몇 년이 지나 아들이 유치원에 들어가 육아가 안정되었을 무렵, 나는 본격적으로 가슴 축소술에 대해 생각하기 시작했다. 가슴을 일부 제거하는 수술에 대해 조사해본 적은 있었지만, 상상할 수 없을 정도로 아파 보이는 방법밖에 없었고, 무서워서 무리라고 생각했다. 하지만 이제 이 가슴은 결코 작아지지 않을 것이고, 계속 축 늘어져 점점 무거워질 것이다. 빈약한 가슴이 늘어지면 접어서 브래지어에 넣으면 되지

 ─────── 스즈키 가의 상자

만, 큰 가슴이 늘어지면 어떻게 될까, 그러다 배꼽 근처에 큰 가슴이 있다고 상상하면 아무리 아파도 떼어낼 수밖에 없다고 생각했다.

그 후 나는 유방 축소술을 하고 있는 몇몇 병원에 상담을 받으러 갔다. 실제로 상담을 받고 사진을 보니 수술 방법이 생각보다 끔찍했다. 나는 지방흡입술이나 유륜 주위만 잘라내 지방을 제거하는 작은 수술은 받을 수 없었고, 유방의 아랫부분을 모두 절제하는 큰 수술이 필요했다. 내 가슴을 본 선생님들은 저마다 "힘들었겠어요. 일본인으로서는 보기 드문 수준이네요"라고 말해주어 나는 처음으로 진정한 의미로 이해받았다고 느끼고 기쁨을 맛보았다.

수술 방법은 젖꼭지 주위를 원형으로 잘라서 젖꼭지를 피부에서 떼어내고, 유륜 중앙에서 아래를 세로 줄로 자른다. 그리고 유방의 아랫부분의 반원 부분을 자르고, 피부를 휙 들어 올려서 안의 지방이나 유선세포를 절제한다. 그 뒤 여분의 피부를 자르고 젖꼭지를 위로 이동해서 봉합하는 것이었다. 말로 들어도 잘 모르겠지만 가슴 아랫부분을 모두 잘라내고 둥근 모양으로 다시 만든 뒤에 그 위에 젖꼭지를 올려놓는 느낌이다.

수술 중에 찍은 사진에는 가슴 아랫부분에 피투성이의 살점이 드러나 있어서 눈을 돌리고 싶을 정도로 역겨웠다. 사람의 몸이 마치 고깃덩어리 같았다.

물론 큰 흉터가 생길 수 있다. 가슴 한가운데에 큰 세로줄이 들어가고, 가슴 아랫부분의 반원은 전부 흉터가 되는 것과 마찬가지다. 엄청난 대수술이다. 솔직히 나는 흉터가 별로 신경 쓰이지 않았다. 물론 없으면 좋지만 어차피 옷으로 가려지는 부분이고, 그것 때문에 가슴이 작아지는 것이라면 아무렇지도 않았다.

그런데 젖꼭지를 떼어낸다는 게 무슨 뜻일까. 너무 무서웠다. 유두가 괴사할 가능성이 전혀 없는 것도 아니고, 그대로 유두가 없어져버리면 어쩌나 불안감도 들었다. 하지만 생각해 보았다. "이제 모유를 먹일 일도 없을 텐데 유두가 꼭 필요할까? 최악의 경우, 없어지다고 해도 곤란하지 않을 것 같은데? 앞으로 다시 평생 큰 가슴으로 괴로워하며 사느니 차라리 유두가 없어지는 게 낫지 않을까?"

물론 개인차가 있다고 생각하지만 큰 가슴으로 계속 고민해온 나에게는 그만큼 사활이 걸린 문제였다. 그렇게 생각한 후에는 결정이 빨랐다. 흉터가 남을 수도 있고, 최악의 경우 젖꼭지가 없어질 수도 있다. 그래도 좋다. 그렇게 최악의 경우까지 생각하고 수술을 하기로 했다.

남편과 가족들은 내가 고통받고 있다는 것을 알고 있어서 모두 찬성했다. 남은 것은 병원을 결정하는 일뿐이었다. 그렇게 큰 수술인데도 국소마취를 하는 병원이나 당일치기로 입원하지 않는 병원도 있었다. 어쨌든 당시에 수술 후 관리가 확실한 병원과 유방축소술 경험이 많은 의사라는 두 가지 조건을 충족하는 곳은 한 곳뿐이었다.

인터넷에서 찾아낸 그 대학병원의 의사는 미국에서 유방축소술을 수백 번이나 경험한 의사였다. 수술은 전신마취로 진행되었고, 수술 후 일주일간 입원해서 사후 관리를 확실히 해준다고 명시되어 있었다. 무엇보다 설비가 잘 갖춰진 대학병원이라 안심할 수 있었다. 상담을 하며 내게 많은 사진을 보여주었고, 미국에는 유방 축소술을 하는 사람들이 매일같이 있었다며 수술 방법을 자세히 설명해주었다.

  내게 보여준 병례 사진은 예쁘다고는 할 수 없는 커다란 흉터가 있는 가슴이었지만, 그 사진으로 인해 나는 더 단단히 각오할 수 있었다. 처음부터 이런 상처가 생긴다는 것을 알고 있으면 깨끗하게 낫는다는 기대도 하지 않게 된다. 보기 좋은 회복을 기대하는 수술은 아니기 때문이다. 당연하다면 당연한 일이지만 모두들 확실히 가슴이 작아졌다. 나도 이렇게 될 수 있을지 모른다는 생각에 가슴이 뛰었다. 오랜 고통에서 해방되는 기적의 날이 오는 것이다. 결단을 내리고 행동에 나선 나 자신에게 박수를 보내고 싶은 심정이었다.

그 의사는 1년 후에 정년을 맞이하므로 수술 후 관리까지 생각하면 빨리 수술을 해야 했다. 정년 후에도 개인 의원에서 정기 검진을 해준다고 했지만 가능하면 대학병원에 있는 동안에 끝내고 싶어서 바로 수술 예약을 잡았다.

상담을 받은 지 한 달도 되지 않아 수술 날짜가 잡혔다. 수술 전날 입원해서 다음 날 수술을 받고, 수술 후 엿새 뒤에 퇴원하는 스케줄이었다. 전날에는 혈액검사를 하고 디자인 마킹을 하며 느긋하게 보냈다. 마킹은 정말 재미있었다. 먼저 쇄골 중앙에 이등변 삼각형을 그려 넣어 젖꼭지의 위치를 정했다. 그곳이 본래의 위치인 모양이다. 내 젖꼭지는 그보다 훨씬 아래에 있었다. 젖꼭지의 위치가 정해지면 그 주위에 유륜의 원을 그리고 거기서 가슴의 반쯤 되는 위치까지 비스듬히 두 줄을 그었다. 가슴 위에 볼링 핀 같은 그림이 그려지고 사선이 그어졌다. 그 편 안의 살을 전부 잘라낸다고 한다. 역시나 젖꼭지도 들어 있다. 정말 젖꼭지를 떼어내는구나 하는 생각이 들자 조금 두려웠지만, 마킹이 되어 있는 내 가슴이 너무 재미있어서 오래 두려워하지는 않았다. 그날은 마킹한 채로 잠자리에 들고, 다음 날 그 마킹에 따라 수술을 할 것이다.

저녁에 병문안을 온 친구에게 가슴의 마킹을 보여줬더니 푸핫 웃음을 터트렸다. "유두 위치가 너무 높지 않아?"라고 말했지만, 정확한 이등변 삼각형이니 너무 높지는 않을 것이다. 친구와 둘이서, 폭소하면서 입원 침대의 커튼 안에서 여러 각도에서 수집 장의 사진을 찍었다. 옆 침대의 사람도 설마 커튼 뒤에서 가슴 사진을 마구 찍고 있을 줄은 몰랐을 것이다. 오늘로서 이 가슴과도 안녕이다. 20년 동안 함께 했던 가슴에 작별 인사를 하고 잠자리에 들었다.

다음 날은 간단한 검진이 있었다. 담당 의사가 젊은 여성 의사와 함께 와서는 "이 마킹을 따라 여기를 자

 스즈키 가의 상자

를 테니까" 하며 그 여성 의사에게 알려주는 게 아닌가. '어…… 설마 이 여자가 수술하는 거야? 경험도 없어 보이는데?' 나는 불안해졌다. 내 불안을 읽은 담당 의사가 "오른쪽은 이 친구가 봉합할 겁니다. 제가 잘 볼 테니까 안심하세요"라고 내게 말했다. '어…… 싫은데…….' 미국에서 돌아온 경험 많은 선생님이 해줄 줄 알았는데 마른하늘에 날벼락이었다. 내 마음을 아는지 모르는지 여의사는 열심히 내 가슴을 들어 올려 표시를 확인했다.

'망했다'고 생각했다. 대학병원이란 그런 곳이다. 의사가 공부하는 곳이기도 하고, 일본에서 몇 안 되는 유방 축소술을 하는 곳이라서 공부할 기회가 틀림없다. 나는 포기하고 운명에 몸을 맡기는 수밖에 없다고 생각했다. 자세히 보니 그 의사는 화장을 곱게 하고 있었는데 분명 섬세한 감각을 가지고 있을 것이다. 틀림없이 잘할 것이다. 그렇게 생각하며 그녀의 솜씨가 좋기를 진심으로 바랐다.

수술실에 들어서자 그곳에는 열 명 정도의 젊은 의사들이 있었다. 내 수술을 견학하는 것이겠지. TV 드라마 같은 데서 보면 수술실 위에 있는 유리로 된 방에서 견학하던데, 꽤 가까이에서 나를 둘러싼 채로 지켜보았고 나는 그 사이에서 링거에 마취제를 맞았다. 몽롱한 의식 속에서 '분명 내 수술은 일본 유방 축소술 발전에 초석이 될 거야. 내 큰 가슴 인생도 의미가 있었구나' 하는 생각을 하며 의식을 잃었다.

눈을 떠보니 어느새 저녁이었고, 나는 병실 침대 위에 누워있었다. 뭐가 뭔지 모르는 상태에서 흘깃 가슴을 보니 붕대가 둘둘 말려 있어 작아졌는지는 알 수 없었다. 남편과 아들, 친구들이 병문안을 와주었다. 잠에서 깼을 때 나는 꼼짝도 할 수 없었지만 의식은 또렷했고 통증도 없어서 '뭐야, 별 거 아니잖아, 이제 다 끝났다'라고 생각했다.

하지만 그때부터가 지옥의 시작이었다. 서서히 마취가 풀리자 가슴 언저리가 불덩이처럼 뜨거워졌고 말로

 스즈키 가의 상자

표현할 수 없을 정도로 아파왔다. 간호사가 병원호출 벨과 별도로 수수께끼 버튼을 건네주며 "고통을 못 참겠으면 이걸 누르세요"라고 말하고 떠났다. 해외 드라마에서 본 적 있는 물건이다. 이 버튼을 누르면 자동으로 마취가 추가되는 구조로 되어 있다. 한계까지 참을 요량으로 통증을 분산시키기 위해 아들, 친구들과 더듬더듬 얘기했다. 통증으로 평소처럼 얘기하기가 어려웠다. 아들은 "엄마 이거 부적이야. 힘내"라며 장난감 목걸이를 내 손에 쥐어줬다.

잠시 후 통증이 한계에 이르러 금단의 버튼을 한 번 눌러보았다. 뭐라고 말할 수 없는 불쾌감이 몸 전체를 감싸며 위산이 역류했고 몇 번이고 토할 것처럼 웩웩거렸다. 머리가 빙글빙글 어지럽고 뭔가를 밀어내고 싶은 충동이 들었다. 온몸에 벌레가 기어 다니는 듯한 느낌이 들었지만, 그런 게 신경 쓰이지 않을 정도로 뇌에서, 가슴에서, 위에서 뭔가 나쁜 것을 밀어내서 입에 도달한 것 같았다. 하지만 토할 수가 없었다. 그저 신음소리만 나왔다.

잠시 후 몸이 가벼워지고 한순간 편안해졌다. 편안해지자 말할 기운이 나서 친구에게 "이 약 장난 아니야……, 완전 대박이야……"라고 입에서 말을 쥐어짜 냈다. 몸이 편해진 다음에는 왠지 온몸이 근질거리고 날뛰고 싶은 충동이 일어서, 나는 아들이 준 부적 목걸이를 왼손으로 꽉 쥐고 오른손으로 그 목걸이를 몇 번이고 쓰다듬었다. 뭔가 손에 자극이 없으면 메스꺼움에 파묻혀 익사해버릴 것만 같은 그런 상태였다. 그 모습을 지켜보던 아들과 남편은 "우린 있어봤자 도움이 안 될 것 같으니 이만 가볼게. 뒷일을 잘 부탁해. 힘내"라는 말을 친구에게 남기고 훌쩍 돌아갔다.

"잠깐만, 가지 마." 나는 소리쳤지만 소리가 나오지 않았다.

친구는 혼자 곁에 남아 주었다. "괜찮아, 내일이면 다 나을 거야" 하고 몸부림치는 나에게 계속 말을 걸어주었다. '있어야 할 건 차가운 남편이 아니라 다정

 스즈키 가의 상자

한 친구다. 친구란 훌륭해. 친구 최고. 친구만 있으면 돼…….' 마음속으로 몇 번이나 되뇌었다.

그 와중에 또다시 가슴이 타들어가는 것 같았다. '아파, 뜨거워, 죽겠어! 안 돼, 못 견디겠어!' 도저히 견딜 수가 없어서 나는 다시 버튼을 눌렀다. 버튼을 누르는 순간, 또다시 역류가 시작되었고, 구역질이 나고 머리가 빙글빙글 돌면서 마치 무서운 세계로 빨려 들어가는 것과 같은 공포가 엄습해왔다. 나는 다시는 버튼을 누르지 않기로 마음먹었다.

마음이 편해지자 나는 혀 꼬부라진 입으로 친구에게 말을 걸었고 목걸이를 움켜쥐고 흔들었다. 하지만 이번에는 아까보다 더 빨리 가슴에 극심한 통증이 밀려왔고, 더 이상 누르지 않기로 한 결심을 잊고 또다시 버튼을 눌렀다. 메스꺼움이 다시 엄습했다.

가는 것도 지옥, 가지 않는 것도 지옥이란 말은 이럴 때 쓰는 말이다. 어느 쪽을 선택해도 괴로운 무간지옥이었다. 도망치고 싶다……, 어떻게든 됐으면 좋겠다.

의식을 잃고 싶다. 아프고 괴로워서 온몸이 좀이 쑤시고 날뛰고 싶었다. 하지만 전혀 움직일 수 없어서 겉보기에는 아주 조용해 보였다. 내 안에서만 벌어지고 있는 지옥이자, 고독한 싸움이었다.

소등 시간을 훌쩍 넘긴 새벽 2시쯤, 보다 못한 간호사가 친구에게 "이제 그만 집에 가세요"라고 말했다. 못 들은 척 그대로 있자, 세 번째로 말했을 때 나는 "이제 괜찮으니까 집에 가"라고 모기 울음소리 같은 목소리로 친구에게 말했다. 친구는 걱정하는 기색이었지만 역시 집에 가기로 했다. 나는 몰래 가져온 수면제를 내 입에 넣어달라고 마지막으로 부탁했다.

친구는 "이거 먹어도 괜찮은 거야?"라고 우려했지만, 그걸 먹지 못하면 죽을 것 같아서 애원하며 넣어달라고 했다. 마치 버튼을 누르는 대신 잠을 자고 싶었다. 친구가 떠난 뒤에도 내 고통은 계속되었지만, 수면제 효과인지 머리가 약간 멍해지고 통증이 줄어드는 것 같았다. 그래도 아파서 잠을 이룰 수 없었지만, 마취 버튼을 누르지 않고 아침까지 통증과 싸우며 목걸이를 꽉 잡고 버텼다. 아침 해가 떠오를 무렵쯤 나도 모르는 사이에 잠이 들었다.

잠에서 깨어나 보니 낮이었고, 어제의 통증은 한결 가벼워져 있었다. 내 손에는 목걸이가 꼭 쥐어진 채 그대로 굳어 버린 것 같았고 주먹 쥔 손을 펴기가 무척이나 힘들었는데, 이것이 간밤의 고통이 얼마나 컸는지를 말해주었다. 하지만 요란하게 타오르던 가슴은 욱신거리는 통증 정도로 가라앉았고, 일어설 수도 있었다. 하루 만에 이렇게 변하다니 대단하다 싶어 감동했다.

담당 의사와 여의사가 검진하러 와서 내 붕대를 가위로 잘라내자, 안에서 피투성이가 된 채 테이프로 범벅이 된 가슴이 나타났다. 작아진 것 같기도 했지만 아직은 알 수 없었다.

담당 의사는 "제거할 수 있는 부분은 전부 제거했습니다. 이것이 한계입니다"라고 말했다. 가슴 위쪽은 아직 큰 편이라 선생님께 여쭤보니 "아래쪽만 제거할 수 있습니다. 전체적으로 너무 커서 이 부분은 남을 거예요"라고 설명해주었다. 작은 가슴을 기대했기에 조금 아쉬웠지만, 거울 앞에서 옆을 보니 척 보기에도 툭 튀어나왔던 부분이 사라지고 둥근 모양이 되어 있어 감동했다.

그날 밤, 거울로 여러 각도에서 내 가슴을 보았다. 피범벅이 깨끗이 지워진 가슴을 빨리 보고 싶은 마음에 나는 휴지에 물을 묻혀 테이프 사이로 보이는 살에 묻은 피를 꼼꼼히 닦아냈다. 테이프에 묻은 피 때문에 전체적인 모습은 알 수 없었지만, 피 묻은 물체가 조금은 젖가슴처럼 보였다.

다만 어제는 통증 때문에 몰랐는데 테이프로 붙인 부분이 너무 가려워서 견딜 수가 없었다. 상처가 있어서인지, 어제 목욕을 하지 않아서인지는 모르지만 아무튼 가려워서 계속 닦다가 테이프가 떨어져나가며 가슴을 꿰맨 실이 드러났다. 아무래도 이 실이 피부를 잡아당겨서 가려운 모양이다. 실 부분을 손톱으로 긁자 검은 실이 똑 떨어졌다. "어, 뺄 수 있다!" 놀란 나는 신이 나서 테이프를 떼어내고 실을 제거했다. 실을 없애자 가려움이 사라지는 것 같아 기분이 좋았다. 제거할 수 있는 실은 전부 제거하고 그날은 조금은 후련한 기분으로 잠이 들었다.

다음 날 검진하러 온 담당 의사가 엄청나게 화를 냈다. "실은 왜 뽑았어요? 상처가 다 벌어졌잖아요!"라는 말을 듣고 나서야 나는 제멋대로 실을 뽑아버렸다는 사실을 알았다. 당장 다시 꿰맬 수는 없으니 한동안 테이프로 보강하고 상처가 가라앉으면 다시 꿰매자고 했다. 그 말을 듣고 '또 수술을 해야 하나' 하는 생각에 우울해졌다. 자업자득이지만.

상처가 벌어진 곳에 작은 테이프를 상처와 상처를 메우듯 수직으로 수십 장씩 붙이고 그 위에 다시 커다란 비닐 테이프 같은 걸로 둘둘 말았다. 더 이상 만질 수는 없었다. 그 후로 하루하루가 지날수록 통증은 점점 가벼워졌고, 사흘쯤 지나자 아무렇지도 않게 일상생활을 할 수 있게 되었다. 가끔 몸을 구부리거나 자극이 있으면 아픈 정도로, 전과는 확연히 달랐다. 정상적으로 걸을 수 있게 된 나는 병문안을 와준 친구들과 휴게실에 가거나 방에서 책을 읽으며 느긋하게 지냈다. 즐거움이라곤 먹는 것뿐이었는데, 그 병원 밥은 꽤 호화롭고 맛있었다.

퇴원하는 날 모든 테이프가 제거되자 피투성이라고 생각했던 건 순전히 테이프에 묻은 피였고 가슴은 완전히 살색이었다. 왠지 질감이 매끈하여 인형 피부 같았다. 상처는 특수 분장처럼 깊고 조금 벌어진 딱지 같이 되어 있었는데, "이 부분은 실밥을 빼는 바람에 덜 아물었다"라는 말을 듣고 움츠러들었다.

'이게 내 가슴이구나' 하고 수술 후 처음으로 실감한 것은 그때였다. 내 가슴은 몰라보게 달라졌다. 작은 가슴까지는 아니지만 뾰족한 이물이 아니라 보통 사람의 가슴 모양으로 변했다. 상처투성이지만 꿈에 그리던

 스즈키 가의 상자

평범한 가슴에 나는 대만족했다.

퇴원해서 집에 돌아오자마자 아들과 함께 목욕을 했다. 보기 흉한 딱지가 붙은 내 가슴을 무서워할 줄 알았는데 아들은 전혀 신경 쓰지 않았다. 남편은 "무서워"라고 말했지만 가족들은 걱정하는 기색도 없이 자연스럽게 받아들였다.

유일하게 아빠만은 상처 부위를 사진으로 보여줬을 뿐인데도 "으, 기분 나빠", "가까이 오지 마", "괴물"이라며 내게서 도망 다녔다. 아빠는 상처나 피를 무서워했다. 싫어하는 아빠가 재미있어서 계속 쫓아다녔다.

다음 날부터는 아들을 자전거로 유치원에 보낼 수 있을 정도로 평범한 생활로 돌아갔다. 아들이 유치원에서 아무 선생님이나 붙잡고 "엄마가 젖을 떼어냈어요"라고 말하고 다녀서 곤란했지만 아무도 묻지 않았고 나는 당당했다.

몇 달이 지나자 상처도 진정되고 딱지도 다 떨어져

서 얇은 켈로이드처럼 변했다. 여기에 켈로이드를 치료하는 테이프를 붙이자는 제안을 받았지만 귀찮아서 하지 않았다. 나는 아주 만족스러웠다. 평생 처음으로 브래지어를 하지 않고 있어도 힘들지 않았고, 머리를 감아도, 종종걸음을 쳐도 아프지 않았다. 진정한 황금기가 찾아왔다. 다시는 맛보고 싶지 않은 고통이었지만 수술을 해서 다행이었다. 흉터투성이 가슴이지만 인생이 바뀌고 삶의 질이 향상되었다. 정말로 잘한 일이라고 매일 진심으로 생각했다.

가슴 수술을 하고 나서는 친구들에게 완성판을 보여주는 일이 많아졌다. 한 번은 "진짜 고민했었어?"라고 친구가 물어서 충격 받았다. 친한 친구도 이렇게 이해하지 못하는 걸 보면 가슴이 크다는 고민은 그만큼 이해하기 어려운 고민이구나 싶었다.

친구에게 가슴을 보여줄 때마다 "유두가 너무 높지 않아?"란 반응이 돌아왔다. "이등변 삼각형인데?"라고 답했지만, 확실히 내가 보기에도 젖꼭지의 위치가 높은 것 같았다. 이른바 브라 톱이라고 해서 젖꼭지가 있을 만한 곳보다 약간 위쪽에 젖꼭지가 붙어 있는 것이었다. 브래지어를 입으면 유륜 위쪽이 삐져나온다. '어라? 이상하네?'라고 생각하면서도 마음 한구석에서는 알고 있었다.

'선생님, 젖꼭지 위치가 너무 높았어요……'

분명히 있어야 할 곳에서 2센티미터쯤 위에 젖꼭지가 있다. 친구들은 모두 폭소를 터뜨렸고 나도 폭소를 터뜨렸다. 흉터가 남을 줄은 알았지만 젖꼭지가 위에 있을 거란 말은 못 들었다. 그래도 뭐 괜찮다. 이런 시트콤 같은 결말이 나는 것도 나다운 일이다.

큰 가슴에서 탈출해서 남의 눈에 띄지 않고 머리도 감고 종종걸음도 걸을 수 있고 가끔 브래지어를 하지 않고도 하루를 보낼 수 있다. 그것만으로도 충분하다.

──────"귀찮은 인간관계를 열심히 하면 재미있는 일이 생긴다."

　얼마 전 벽돌집에서 육아 좌담회를 했을 때 아빠가 한 말이다. 나도 매일 똑같은 생각을 하고 있어서 그 말을 듣고 깜짝 놀랐다. 항상 많은 친구들과 즐기고 있는 나를 보고 믿어주지 않는 사람도 많지만, 나는 원래 낯가림이 아주 심하다.

　내가 아이를 가졌다는 사실을 알았을 때 가장 먼저 든 생각은 기쁨보다 '아이 엄마 친구를 만들어야 한다니'란 우려였다. 나는 지금까지 살면서 새로운 세계에 혼자 가본 적이 거의 없었다. 초등학교 때부터 친구와 함께 중학교에 올라가서 중학교에서 친구가 늘었고, 또 그 친구와 같은 고등학교에 가서 친구가 늘었고, 일

 ────── 스즈키 가의 상자

도 전부 친구와 함께해서 새로운 친구를 사귈 때는 반드시 옛 친구의 도움을 받았다.

유일한 예외는 전문학교였다. 처음으로 혼자 뛰어든 새로운 세계에서는 과 친구들과 대화하는 것도 여의치 않아서 결국 여자친구를 한 명도 사귀지 못한 채 시시해져서 자퇴했다. 같은 과 친구들은 내가 '엄청나게 화려한 옷을 입은 어두운 여자'라고 생각했을 것이다. 유일하게 말을 걸어주고 연락처를 교환했던 남자애는 "다들 얘기해보고 싶어 하는데 조금 무섭다고 하더라"라고 말했다.

내가 먼저 열심히 마음의 문을 열었더라면 좋았겠지만, 내 커뮤니케이션 능력이 불안했다. 나는 무엇이든 금방 잊어버리고 몇 번이고 같은 말을 한다. 무뎌서인지 다른 사람이 무슨 말을 하면 상처를 받는지 잘 모르고 조심성 없이 막말을 한다. "조금 이상하지만 좋은 애야"라며 옆에서 거들어주는 친구가 없으면 좋은 인간관계를 맺을 자신이 없다.

늘 안온한 인간관계 속에서 산 나에게 '아이 엄마 친구'란 귀찮은 인간관계 중에서도 으뜸이었고, 나는 절대로 어울리지 못하리라 생각했다. 노력하는 것을 싫어하는 나는 일찌감치 '아이 엄마 친구를 한 명도 만들지 않고 육아를 하기'로 결심했다.

아들이 태어나고, 아이 엄마 친구를 만들고 싶지 않은 나는 엄마 교실에도 가지 않고, 출산도 개인실에서 하고 나왔으며, 동네 아이들이 노는 놀이터에도 일체 가지 않고, 근처 공원에는 모두가 집에 가고 난 저녁에 갔다.

그래서 아이를 키우며 외로웠냐 하면 전혀 그렇지 않았다. 우리 집에는 변함없이 옛 친구들이 놀러와 다 같이 육아를 도와주었다. 아들이 네 살쯤 됐을 때는 남편과 별거 중인 친구가 우리 집의 작은 방에 2년 정도 얹혀살면서 매일 시끌벅적 즐겁게 아이들을 키웠다.

아들이 유치원에 다닐 때는 아이 엄마 친구가 한 명도 없었다. 유치원에 데리러 가야 해서 다른 엄마들과 마주칠 때도 있었지만 대화를 나누거나 이름을 알지 못했다. 마중 나가는 순서대로 줄을 서는 동안 다른 엄마들이 이야기하고 있으면 옆에서 스마트폰을 들여다보며 시간이 지나가기만을 기다렸다.

그곳에서도 나는 '엄청나게 화려한 옷을 입은 어두운 여자'였던 것이다. 다행히 아들이 다니던 유치원에는 부모가 참여하는 행사가 거의 없어서(그런 곳을 선택했지만) 다른 엄마들과 교류가 없어도 고립감이나 불편함을 느끼지 않았다.

아들이 유치원을 졸업하고 지역의 공립 초등학교에 진학했을 때, 나는 그때까지 노력하지 않은 결과를 깨닫게 됐다. 처음으로 엄마들이 한자리에 모인 것은 학기 초 학부모회 임원을 결정하는 학부모회에서였다. 잘 알지도 못하고 아는 사람도 거의 없는 나는 학부모회에 가는 게 싫어서 토할 것 같았던 기억이 난다. 출석번호 순으로 놓인 아이들 의자에 앉아, 척 보기에도 사이좋아 보이는 엄마들이 떠드는 사이에서 혼자 고독을 느꼈다.

한 달에 한 번 열리는 공개수업, 1년에 한 번 열리는 운동회와 학예회, 앞으로 6년 동안 몇 번이나 이곳에 모일 거라고 생각하니 정신이 아득해졌다. 학부모회에서 뭘 결정하는지 모르겠다. 아무에게도 물어볼 수도 없었고, 옆자리의 엄마가 "벌써 결정했어?"라고 친근하게 물어도 어색하게 웃으며 얼버무리는 수밖에 없었다. 면역력이 없는 나는 다른 엄마들과 어떻게 대화를 해야 하는지 몰랐다.

"처음 보는데 반말해도 되나?", "처음 말할 때 호칭은 성씨에 씨자를 붙이는 게 맞나?" 아이가 있는 오랜 친구에게 이런 시시한 것까지 일일이 라인으로 질문했다. '이거 안 되겠다……'. 나는 처음으로 생각했다. 이 상태로 6년을 보내야 한다니 바늘방석에 앉은 기분이었다. 지금까지 노력하지 않은 대가를 치르게 된 것이다.

아무래도 반 아이들은 주말이면 다 같이 모여 근처 공원에서 노는 모양이다. 아이들을 데리러 나온 엄마들도 그 길로 함께 저녁을 먹으러 간다. 부모의 마음도 모르고 아들이 몇 번이나 "나도 가고 싶어"라고 졸라댔지만 "엄마는 무리니까 사람들 앞에서 절대로 말하면 안 돼"라고 간청하고는 마중 나온 엄마들 사이에서 눈에 띄지 않으려고 기척을 지웠다.

가끔 말을 걸어주는 엄마가 있어 그 무리에 끼어들었을 때는 괴로웠다. 어색한 미소를 지으며 대화에 참여하는 척했지만, 여기저기서 튀어나오는 선생님들의 이름조차 기억하지 못해서 다들 무슨 말을 하는지도 모른 채 소외감만 느낄 뿐이었다. 그런 상태로 참가한 내 자신이 우스꽝스러웠고 우물쭈물하는 내 모습을 유체이탈한 상태에서 멀리서 지켜보는 기분이 들었다.

1학년 공개수업이나 운동회에는 고등학교 동창들을 불러 같이 앉았다. 유치원 때부터 그렇게 해서 별생각 없이 그렇게 했지만 초등학생이 되고 나서는 조금 눈에 띈다는 생각이 들었다. 게다가 옆에 조금 얼굴이 알려진 아빠가 같이 있었을 때는 주위가 조금 술렁거리면서 왠지 점점 더 고립되어 가는 느낌마저 들었다.

"이런 상태로 6년을 버틸 수는 없어. 무엇보다 아들이 불쌍하잖아. 이런 환경은 바꿔야 해. 우선 나부터 바꿔야겠다. 아이 엄마 친구를 만들 거야."

그렇게 결심하기까지 그리 오래 걸리지 않았다.

아이 엄마 친구를 만들기로 한 뒤로는 적극적으로 엄마들과 이야기하려고 노력했지만, 정작 엄마들 모임의 규칙이나 거리감에 대해 전혀 모르는 나는 어떻게 해야 친구가 될 수 있는지 도무지 알 수 없었다.

아이들을 데리러 갔을 때 학교 이야기나 숙제 이야기를 하게 됐지만, 친구가 될 수 있을 것 같지는 않았다. 누구에게 무슨 얘기를 했는지도 기억나지 않아 같은 사람에게 몇 번이나 "공부는 뭐하고 있어?"라고 물었는지도 모른다. 그렇게 암중모색하는 답이 없는 나날이 이어졌다.

 스즈키 가의 상자

그런 와중에 반 엄마들이 모이는 점심 모임이 열렸다. 소문으로만 듣던 엄마들 모임이었다. 내가 그런 모임에 참석한다는 것은 상상도 할 수 없었고 싫었지만, 다른 엄마들과 친해질 수 있는 기회였다. 안 갈 수는 없었다.

넓은 카페를 통째로 빌려 스무 명이 넘는 엄마들이 각자 그룹을 지어 자리에 앉았다. 나는 유치원에서 같이 온 엄마 한 명이 있었는데, 그녀의 옆자리에 앉아서 가능한 한 다른 엄마들과도 이야기하려 노력했다. 어떤 대화를 나누었는지는 기억이 잘 나지 않는다. 남편의 직업이나 아이들이 뭘 배우는지 같은 이야기를 했던 것 같다. 너무 많은 사람들의 자기소개를 듣다 보니 전혀 기억이 나지 않아 피상적인 대화밖에 나누지 못했다.

"이런 식으로 친구가 될 수 있을까? 이 거리감이 아이 엄마 친구라는 것일까?" 어느 것이 정답인지도 모른 채 별다른 감흥도 없이 흐름에 몸을 맡겼다.

그 와중에 화장실에 가다가 화장실 근처에 앉아 있던 멋쟁이 엄마들이 눈에 들어왔다. 그중 한 엄마는 노랗게 염색한 단발머리에 탱크톱, 멜빵바지를 입고 있었고, 탱크톱 옆으로 타투가 삐져나와 있었다. 첫 엄마 모임에 타투를 숨기려 하지 않는 그녀의 당당함에 반해 친구가 되고 싶었다.

화장실에 가는 김에 용기를 내서 "옆에 앉아도 돼?"라고 말을 걸고 자리에 앉았다. 입에서 심장이 튀어나올 정도로 긴장했지만 흔쾌히 받아줘서 마음을 놓은 것도 잠시, 긴장한 탓에 대화도 제대로 나누지 못하고 혼자 떠들다 아무 호응도 얻지 못한 채 그 자리에서 장렬히 전사하고 말았다. 기세 좋게 앉은 것까지는 좋았는데 몇 분도 지나지 않아 물러나야 했던 것이다.

그로부터 몇 달 후, 잊을 수 없는 초등학교 1학년 여름방학. 에비스 역 앞의 봉오도리 축제에 갔을 때였다. 반 아이들과 엄마들 몇 명이 와서 함께 놀고 있었다.

 ─────── 스즈키 가의 상자

카페에서 이야기를 나누었던 엄마들이다. 타투한 엄마도 있었다. 한순간 그 날의 비참한 내 모습이 떠올라 구역질이 나올 것 같았다.

나는 고등학교 동창과 함께 가고 있었는데, 아이 엄마 친구가 없어 고민하고 있는 것을 알고 있는 친구가 "저 무리 안으로 들어가, 행운을 빌어" 하고 등을 떠밀었다. 좋아, 그때의 복수다. 나는 용기 내어 엄마들 사이로 들어갔다.

타투한 엄마에게 "오늘 덥네" 하고 아무렇지 않게 말을 건넸다. 그러자 그녀는 손에 들고 있던 먹다 만 큼직한 티라미수를 내게 내밀며 "티라미수 먹을래?" 하고 물었다. '됐어……, 전혀 먹고 싶지 않아……'라고 마음속으로 말했지만, 어떻게 반응해야 좋을지 몰라 나는 "응, 괜찮아" 하고 작게 대답하고 어색하게 웃으며 얼버무렸다. 하지만 그 후로도 그녀는 몇 번이나 "티라미수 먹을래?"라고 같은 질문을 했다. 그때마다 괜찮다고 거절했지만 나는 속으로 적잖이 당황했다.

왜 이렇게 여러 번 말하는 걸까, 억지로라도 한 입 먹어야 하는 걸까, 아니면 '아 집요하게도 묻네'라고 핀잔을 줘야 하는 걸까, 하지만 핀잔을 줄 만한 사이는 아니라고 생각하는 사이, 그녀가 티라미수를 다 먹어 치우는 모습을 보고 겨우 한시름 놓았다. 그 시간은 15분 정도였던 것 같은데, 나에게는 몇 시간으로 느껴질 정도로 길었고, '지옥의 티라미수 사건'으로 내 안에 기억되었다.

티라미수 공방전도 제대로 상대하지 못하고 여전히 대화에도 제대로 끼지 못 하는 나를 보며 '왜 갑자기 여기에 계속 있는 거지?'라고 생각했을지도 모른다. 그래도 그 날은 꼭 연락처를 물어야겠다고 마음먹고 오로지 아이들 사진을 열심히 찍었다.

그리고 집으로 돌아가는 길에 말을 꺼냈다. "사진 보내게 연락처 좀 알려줘."

평생 그렇게 긴장하면서 사람들에게 연락처를 물어보기는 처음이었다. 물론 다들 흔쾌히 연락처를 교환

 스즈키 가의 상자

해주었지만. 그리고 나는 '사진을 보낸다'는 명목으로 그날 바로 라인 그룹을 만들었다. 라인 그룹을 만들면, 이제는 내 세상이다. 거기서부터는 문자의 세계다, 잘할 수 있다. 그런 자신감이 있었다. 상대의 이름을 부르는 것도 얼굴을 마주하면 주저하게 되지만 문자라면 편하게 부를 수 있었다.

그리고 나서 나는 "파자마 파티 안 할래?"라며 공세를 퍼붓기 시작했다. 아이들은 즐거운 여름방학의 추억을 만들 수 있고, 엄마들은 하룻밤 동안 육아에서 해방될 수 있다. 거절하는 사람은 없었다. 그해 여름방학에만 열 번 정도 파자마 파티를 했는데, 많을 때는 열 명 정도의 아이들이 파자마 파티를 하러 왔다. 나는 일을 정기적으로 하지 않았기 때문에, 가능한 한 엄마들이 일하는 평일에 파자마 파티를 열어 엄마들이 아이들의 도시락 싸는 일에서 해방되도록 했다. 아이들도 행복, 엄마들도 행복, 나도 아들이 기뻐하는 모습을 보니 행복. 모두가 행복한 최고의 여름방학이었다.

남편과 둘이서 아이들을 여기저기 데리고 다녔다. 공원이나 수영장, 차를 빌려서 오다이바 인공섬과 바다, 체험학습장에도 갔다. 처음에는 아이 엄마 친구를 만들기 위해 시작한 파자마 파티였으나 이제는 내게도 없어서는 안 될 소중한 시간이 되었다. 아이들에게 둘러싸여 지내는 시간은 더할 나위 없이 행복한 시간이었다.

완전히 맛을 들인 나는 그때부터 많은 엄마들 모임을 초대했고 파자마 파티도 원 없이 했다. 아들만 남자아이고 나머지는 여자아이 일곱 명이 모여 '소녀들의 파자마 파티'를 한 적도 있다. 덕분에 아들은 사내아이뿐만 아니라 여자아이와도 친구가 될 수 있는 아이로 성장했다.

그런 나날을 페이스북에 올렸는데, 그 사진을 본 반 아이 엄마가 "파자마 파티를 하는 모습이 언제 봐도 즐거워 보이네. 다음에 우리도 가도 돼?"라고 말을 걸

 ──────── 스즈키 가의 상자

어왔다. 같이 논 적이 없는 엄마가 "온 가족이 독감에 걸렸는데 며칠만 아들을 재워주지 않을래요? 페이스북을 보니 마미코 씨라면 흔쾌히 받아줄 것 같아서"라고 부탁해서 재워준 적도 있다.

그 결과 지금은 반 친구의 절반 이상이 우리 집에 와서 놀거나 자고 갔다. 입학한 지 얼마 되지 않았을 때를 생각하면 믿을 수 없는 일이다. 나도 여러 엄마들과 놀게 되었고, 아이 친구의 엄마들과 어울리는 게 즐거워졌다.

처음에는 완강히 거부했던 아이 친구의 엄마란 관계도 친해지고 나니 옛날 친구와 다를 바 없었다. 지금은 모두 나의 부족한 성격을 이해해주고 '마미코니까'라며 용서해준다. 나의 아이 엄마 친구 인생은 크게 바뀌었다.

그리고 카페에서 두근거리면서 말을 걸었다 장렬히 전사하고, 그 후 봉오도리에서 용기 내어 연락처를 물었던 타투한 엄마와는 현재 같은 아파트에 살고 있다. 그 날 이후로 몇 년 동안 같은 아파트에 살게 될 정도로 친해진 것이다.

코로나 사태가 일어난 어느 날, 우리 동네 공원에서 아이와 단둘이 있던 그녀에게 "지금 근처 공원에 있는데 놀러 오지 않을래?"라는 라인 문자를 받은 것이 계기였다. 여럿이서 놀러 간 적은 여러 번 있었지만 단둘이 만나는 건 처음이라 망설였다. 처음에는 '긴장돼, 가고 싶지 않아'라고 생각한 것이 솔직한 심정이었지만, 이 기회를 놓치면 두 번 다시 데이트 신청이 오지 않을지도 모른다. 꼭 가야한다고 등을 떠미는 내 안의 소리를 듣고 용기를 내어 가기로 했다.

처음에는 어색한 공기에 가슴이 두근거렸는데, 아이들이 노는 공원 모래밭을 보면서 그녀가 어떤 비밀을 고백했고, 그 고백을 들은 나는 "어? 진짜? 나도야!"라고 놀라며 그 자리에서 빠르게 의기투합했다. 지금까지 살아온 인생과 가치관에 대해 이야기하는 사이 공

 스즈키 가의 상자

통점이 많은 것에 서로 감격했다.

  친해지는 것은 한순간이다. 지금도 잊을 수 없는 일이지만, 우리가 함께 블루임펄스(일본항공자위대 소속의 곡예비행단-옮긴이 주)를 올려다보던 날의 일이었다. 우리는 지금도 "그날이 아니었다면 이렇게 친해지지 못했을지도 몰라"라고 틈만 나면 이야기한다.

  참고로 티라미수 사건에 대해 그녀에게 "왜 그렇게 여러 번 권했어?"라고 물어본 적이 있다. 세상에, 그녀는 그때 취해서 아무것도 기억하지 못했다. 그뿐인가, 내가 장렬히 전사했던 점심 식사 자리에서 나눈 첫 대화도 전혀 기억하지 못했다.

  나에게는 중요했던 두 가지 사건이 그녀에게는 기억조차 나지 않는 사소한 일이었다. 나는 그 말을 듣고 우습다는 생각이 들어 웃음을 터뜨렸다. 그리고 왠지 마음이 놓였다. 인간관계란 그런 것이다. 둘 중 한 사람에게는 중요한 사건이지만 상대방은 기억조차 나지 않는 일이다. 좀 더 편하게 생각하면 되겠다는 생각이 들었다.

지금은 그녀와 나는 뭐든 말할 수 있는 사이다. 이제는 티라미수를 권하면 "먹고 싶지 않아! 필요 없어"라고 단칼에 거절할 수 있다.

둘 다 흡연자라서 "한 대 피우러 가도 돼?"라며 매일같이 서로의 집을 오간다. 많을 때는 하루에 세 번이나 그녀의 집에 담배를 피우러 간다. 우리는 처음에 끌렸던 인상 그대로 마음이 잘 맞았고 오랜 친구 같았다. 온 가족이 함께 모여 밥을 먹고, 친하게 지내는 다른 친구 가족과 토요일마다 우리 집에서 파티를 하고, 여름에는 캠핑을 하고 겨울에는 스노보드를 타러 간다.

아이들을 남편에게 맡기고 엄마들끼리 일곱 시간 동안 노래방에 가고, 서로 화장을 해주고 쇼핑을 하고 영화를 보고 콘서트 공연을 보러 가는 등 마치 여고생처럼 논다.

나의 중학교와 고등학교 친구들, 아르바이트 동료 친구들, 아이 엄마 친구들, 직장 동료들이 모두 친해져서 각자 연락을 하거나 다 함께 우리 집에 모인다. 최근에는 온라인 살롱 회원들도 합류하여 더욱더 나이도 직종도 각양각색인 혼돈 상태다.

인생은 재미나다. 이런 일이 일어날까 싶은 일이 잔뜩 일어난다.

'아이 엄마 친구는 만들지 않겠다'고 결심했던 내가 지금은 아이 엄마 친구와 가족처럼 가까이 지내고 있다. 지금은 그 친구들과 친구가 아니었던 시절이 생각나지 않을 정도로 당연히 있어야 할 존재가 됐다. 이런 일이 일어날 줄 누가 상상이나 했겠는가.

귀찮은 인간관계를 열심히 하다 보니 재미있는 일이 일어나고 그 너머에는 너무 즐거운 하루하루가 기다리고 있었다. 귀찮다고 여겼던 만남은 평생을 함께 보내고 싶은 소중한 친구와의 만남이었다. 그때 내가 용기 내서 노력하지 않았더라면 지금의 나날은 없었을지도 모른다. 그렇게 생각하면, 열심히 노력해서 진심으로 다행이라고 생각한다.

생각해보면 인생은 그런 일의 연속이다. 성가시다고 생각할 때야말로 열심히 뛰어들어보자. 그 너머에는 분명 재미있는 일이 기다리고 있을 테니까.

─────── 중학교 때 반 친구 중에 노부코라는 귀국 자녀가 있었다. 노부코는 키가 작고 우유병처럼 두꺼운 안경을 쓰고 머리카락이 약간 곱슬곱슬한 단발머리 소녀였다. 나와 노부코는 노는 무리가 달라서 딱히 접점도 없고 이따금 하잘 것 없는 이야기를 나누는 정도의 관계였다.

그런데 어느 순간부터 노부코가 나에게 못되게 굴기 시작했다. 지나가면 다리를 걸기도 하고, 나를 계속 노려보기도 해서 처음에는 '내 기분 탓인가?' 긴가민가하는 정도였는데, 점점 더 심해지더니 노골적으로 나를 향해 욕설을 퍼붓고, 필통 속에 내가 싫어하는 개미를 넣고는 깔깔대며 웃기도 했다.

나는 그때 솔직히 노부코와 가까워진 것 같아서 조금 기뻤다. 왠지 모르지만 노부코는 언제나 나에게 시

 ─────── 스즈키 가의 상자

비를 걸었다. 언제나 나를 보았고(노려봤지만), 내가 신경 쓰여서 견딜 수 없는 것 같았다. '이건 분명히……'라고 확신한 나는 노부코가 심술을 부릴 때마다 "나를 좋아하는 거지?"라고 집요하게 물었고, 노부코는 그런 내 태도에 화가 난 듯 "진짜 싫어서 그런 거야"라고 몇 번이나 되받아쳤다. 하지만 나는 확신했다. 전혀 마음이 없는 반 친구에게 이렇게까지 시비를 걸 리가 없다. 좋아하거나 싫어하거나 둘 중 하나였지만 미움을 살 만한 짓은 한 번도 하지 않았다. 그래서 아무리 노부코에게 괴롭힘을 당해도 마냥 웃기만 했다.

"장난치지 마, 노부코. 개미 좀 그만 넣으라고!"라고 쏘아붙이는 일은 있었지만, 노부코에게 공격적으로 행동한 적은 한 번도 없었다. 그럴 때도 노부코는 아주 즐거운 듯이 큰 소리로 웃고 있었다.

"네 얼굴이 싫어"라는 말을 들은 적도 있지만, 얼굴이 싫다고 이렇게까지 시비를 걸까. 오히려 싫다면 거리를 두는 게 당연하다.

그렇다면 답은 하나밖에 없다. 노부코는 나를 좋아하는 것이다. 줄곧 그렇게 생각해서 나는 노부코의 괴롭힘에 분노를 느낀 적이 한 번도 없었다. 아이러니하게도 내가 노부코의 못된 짓을 용서하면 할수록 주위 친구들은 노부코에게 화를 내고 싫어했다.

"그런 짓을 당했는데도 화가 안 나?", "신나서 더 하잖아, 짜증 나!" 다들 몹시 화를 냈다.

"노부코는 나를 좋아해. 사이가 좋다는 뜻이야"라고 말하자 "맹세코 정말로 싫어서 못되게 구는 거야. 널 공격하는 거라니까!"라고 여러 친구들이 말했다.

하지만 나는 도저히 노부코를 싫어할 수 없었다. 오히려 반에서 성격이 못됐다고 소문이 나서 고립되어 가는 노부코가 조금 안됐다는 생각이 들었다. 그래서 수업을 그룹으로 나눌 때는 적극적으로 노부코에게 같이 하자고 불렀지만 "너하고만은 싫어"라며 족족 거절당했다. 배려심을 가지고 권하는데도 심한 말로 딱 잘라 거절하는 노부코가 나는 재미있었다.

 스즈키 가의 상자

그러던 어느 날, 노부코가 나를 싫어하는 이유를 알게 됐다. 그 무렵에 나는 가까운 자리에 앉은 남자아이와 사랑에 빠졌는데, 노부코도 그 남자아이를 나보다 훨씬 전부터 좋아했던 것이다. 예전에는 노부코가 그와 자리가 가까워서 자주 이야기를 나누었는데, 지금은 나와 그가 친하게 지내는 것을 보고 용서할 수 없었던 모양이다. 그렇다, 일련의 괴롭힘은 여자의 질투심에서 비롯된 것이었다.

그 애는 분위기를 잘 맞추고 잘 노는 스포츠맨이었고, 나 역시 분위기를 잘 맞추고 잘 노는 사람이었다. 노부코와 이야기를 나눌 때보다 내가 그와 더 잘 맞는다는 것을 한눈에 알 수 있었으니 노부코는 서운했을 것이다.

그렇구나, 그런 뜻이었구나 하고 나는 이해가 갔다. 노부코 입장에서는 얄미웠을 지도 모른다. 노부코가 그를 좋아한다는 건 반에서도 공공연한 사실이었다고 한다. 이런 부분에 둔감했던 나는 그런 줄도 모르고 그와 친하게 지냈으므로 노부코 입장에서는 억울해서 발을 동동 구르고 싶은 기분이었을 것이다.

단, 그렇다고 물러설 수는 없었다. 처음부터 그 사실을 알았더라면 그를 좋아하지 않았겠지만 나는 이미 그를 좋아하고 있었다.

"못되게 굴지 말고 정정당당하게 승부하자!" 나는 어느 날 아무 맥락도 없이 노부코에게 말했다.

노부코는 매서운 눈빛으로 나를 노려보며 "너 같은 건 상대도 안 돼"라고 말했다.

나는 솔직히 이런 수수한 안경잡이가 어째서 이리도 자신만만할까 하고 조금 의아하게 생각했다.

그 뒤로도 노부코는 계속해서 나에게 못되게 굴었다. 여전히 나를 심하게 괴롭혔는데도 나는 역시나 악의를 느끼지 못했다. 주변 친구들은 여전히 노부코에게 화가 나있었지만, 나는 계속해서 "우리는 사실 사이가 좋아"라고 말했다.

사실 나와 노부코가 사랑의 라이벌이 아니었다면

 스즈키 가의 상자

친구가 되었을지도 모른다. 그는 인기가 많아서 그를 좋아하는 여학생이 반에 여러 명 있었고, 나를 질투하는 여학생도 있었지만, 다들 티를 내지 않은 것뿐이다. 겉으로는 친하게 지내며 내 연애를 응원하는 척하면서, 뒤로는 다른 친구에게 연애 상담을 하며 내 험담을 하는 아이들도 있었다. 가장 친하고 내 편이라고 생각했던 친구가 밸런타인데이에 몰래 그에게 초콜릿을 줬다는 사실을 알았을 때는 충격을 받았다. 그 친구는 나와 함께 초콜릿을 사러 갔었다. 그때 나는 그에게 초콜릿을 주겠다고 말했지만, 친구는 굳이 좋아하는 사람의 이름을 말하지 않았고, 나 몰래 같은 사람에게 초콜릿을 주었던 것이다.

같은 사람을 좋아하는 건 문제가 되지 않는다. 다만 내 얘기는 다 들어놓고 자신은 비밀로 하고 뒤에서 몰래 고백하는 행위가 기분 나빴다. 말해줬으면 기분 좋게 둘이서 싸울 수 있었을 텐데. 사랑의 라이벌이 된 것보다 우정을 잃은 것이 더 슬펐다.

그런 주위의 여자들에 비해서 노부코는 당당했다. 뻔뻔하다 싶을 정도로 당당하게 나를 싫어했다. 나는 그런 노부코를 좋아했다.

그러나 얼마 지나지 않아 노부코의 한결같은 사랑은 끝을 맞이했다. 수십 개의 밸런타인데이 초콜릿을 받았던 그는 화이트데이에 나에게만 답례를 해주었다.

지금도 그가 집에 왔을 때의 충격을 잊을 수 없다. 우리 집 주소를 알고 있다는 사실조차 모르고 있었으므로 나는 너무 놀라 아무 말도 할 수 없었다. 현관 앞에서 답례품을 주고 그는 바로 떠났지만, 나는 가슴이 벅차올라 승강기가 내려가는 층수 표시를 계속 바라보았다.

답례품으로 준 것은 메이지야(긴자에 있는 고급 식료품점 - 옮긴이 주)의 둥근 깡통에 든 딸기사탕이었다. 안에는 가루 설탕이 듬뿍 들어 있어 요정 가루 같다고 생각했다. 하나를 입에 넣으니 마법으로 몸이 둥둥 뜨는 듯한 느낌이 들었다. 사랑은 웃기는 망상의 연속이다.

스즈키 가의 상자

그렇게 나는 그와 연인 사이가 되었다.

그 소문은 하루 종일 학년 전체를 떠돌아다녔고, 노부코는 하루 종일 울어서 수업 중에도 눈이 새빨갛게 충혈되어 있었다. 늘 멀리서 나를 노려보던 노부코는 눈에 띄게 초췌해졌고, 더 이상 내 눈을 쳐다보지도 않았다. 한번은 그와 함께 하교할 때 신발장에서 노부코와 마주쳤는데, 말을 걸 틈도 없이 도망쳐 버렸다.

나는 어쩐지 너무 외로웠다. 하루하루 노부코와 싸웠던 만담 같은 날들이 그립기도 했다.

그와는 졸업을 눈앞에 두고 친구로 돌아가자는 결론을 내리고 헤어졌다. 친구였을 때는 아주 사이가 좋았지만 연인이 된 순간 서로 의식하게 되면서 그 전처럼 뭐든 편하게 말하지 못하게 됐기 때문이다.

어른이 된 지금도 그와는 여전히 친구로 지내고 있고, 뭐든 터놓고 말할 수 있을 정도로 거리낌이 없는 사이지만, 사춘기였던 우리에게는 도저히 무리였다. 달콤하면서도 씁쓸한 추억이다.

그와 헤어지고 나서 노부코와는 다시 이따금 이야기를 나누게 되었다. 전처럼 별 거 아닌 일로 투닥거리는 사이는 아니었지만, 조금은 사이가 회복한 것 같아 나는 기뻤다. 노부코는 여전히 그를 포기하지 않은 채 내 후임을 노리는 것 같았지만, 그것만큼은 싫어서 말할 때마다 마음속으로 저주를 걸었다.

내 저주의 보람이 있었는지 노부코의 사랑은 이루어지지 않았고, 우리는 졸업을 하고 각자 다른 고등학교로 진학해 연락도 하지 않았다.

계절이 몇 번인가 지났을 무렵, 노부코에게서 갑자기 엽서가 왔다. 그 엽서에는 중학교 시절 나를 괴롭힌 것에 대한 사과문이 작은 글씨로 빽빽하게 적혀 있었다. 나에게 라이벌 의식을 가지고 있었다는 것, 아무것도 하지 않았는데 계속 미워했다는 것, 잘못을 저질렀다는 것을 알면서도 솔직하게 사과하지 못했다는 것. 몇 번이고 몇 번이고 미안하다고 썼다.

스즈키 가의 상자

나는 엽서를 읽고 노부코가 그때 나를 정말로 싫어했구나 싶어 깜짝 놀랐지만, 노부코의 열의 있는 사과에 감동했다. 역시 노부코는 나쁜 아이가 아니었다. 같은 사람을 좋아하게 되어 마음이 뒤틀렸을 뿐, 우리는 마음이 맞지 않았던 건 아니다. 실제로 나는 한 번도 노부코를 싫어한 적이 없었다. 그리고 엽서 말미에는 "직접 사과하고 싶고 앞으로도 사이좋게 지내고 싶으니 이번에 고등학교 축제에 와줘"라고 적혀 있었다.

잘 모르는 고등학교 축제에 가고 싶지 않았지만, 노부코가 이렇게까지 진심을 다해 초대해줬으니 가는 수밖에 없다고 생각했다. 다르게 만났더라면 친해졌을 노부코와 이제야 겨우 시작할 수 있게 됐다. 그 기회를 무시하면 평생 후회할 것 같았다.

그리고 축제 당일, 나는 혼자서 노부코의 고등학교 축제에 갔다. 친구들과 함께 갈까도 생각했지만 친구들은 모두 나를 괴롭힌 노부코를 싫어하고, 속없이 축제에 가는 나를 '사람이 좋은 것도 정도가 있다'고 비난했다. 무엇보다 노부코와 화해하려면 혼자 가는 편이 낫다고 생각했다.

노부코네 반에 도착했지만, 약속 장소에 노부코는 없었다. 한동안 기다렸지만 좀처럼 오지 않아 근처에 있던 여자아이에게 "이이야마 노부코 씨 있나요?"라고 물어봤다. "어? 여신님 친구? 여신님 저기 있는데. 지금 불러줄게. 여신님!" 하고 큰소리로 외쳤다.

여신님? 그게 누구지? 고개를 갸웃거리며 목소리를 따라가 보니, 긴 머리에 하늘하늘한 원피스를 입은 미소녀가 이쪽을 보고 있었다. 누군지 몰라 눈을 가늘게 뜨고 보는 사이, "스즈키!" 하고 귀에 익은 목소리의 미소녀가 다가와 등 뒤에서 내 목을 팔로 조이기 시작했다. 초크 슬리퍼 자세였다.

"……어……숨막혀…… 누구?" 하고 겨우 말하자 "나야, 내가 불러서 온 거잖아"라고 답하는 소리가 들렸다. 그 목소리의 주인공은 노부코였다.

우유병처럼 두꺼운 안경을 쓰고 곱슬머리를 귀밑

 스즈키 가의 상자

까지 자르고 다니던 수수했던 소녀는 안경 대신 콘택트렌즈를 끼고 곱슬머리를 펴서 곱게 기른 초미소녀로 변신해있었다. 전혀 눈치채지 못했지만, 사실은 미인이었던 것이다. 그래서 중학교 때부터 자신만만하고 자존심이 강했는지도 모른다.

"노부코, 많이 변했네……." 나는 목을 조인 상태에서 겨우 말했다.

"무슨 소리야, 하나도 안 변했어" 하고 내 목에서 손을 떼더니 "스즈키가 날 너무 좋아해서 말이야. 축제에 꼭 오고 싶다고 해서 불러줬어" 하고 나를 모두에게 소개했다.

"아, 그렇구나. 역시 여신님이야, 이렇게 불러주다니 다정하기도 하지! 여신님은 인기가 많으니까"라며 주위 아이들이 떠들어대자, 노부코는 "스즈키가 하도 졸라대서 말이야"라며 내 등을 툭툭 세게 두드렸다.

여신님이라니…… 그리고 이제껏 이름으로 스스럼없이 불러놓고 스즈키는 또 뭐야. 스즈키라고 부르는 걸 들어본 적도 없고, 축제에 오고 싶다는 말도 한 적 없어. 뭐야, 뭐냐고 이 상황!

"여신님은 중학교 때부터 인기가 많았지? 정말 이렇게 귀엽게 생긴 애는 처음 봤어." 생글생글 웃으며 말을 걸어오는 여자에게 "아…… 뭐……" 하고 쓴웃음을 지으며 대답했다.

그 때 "여신님, 이쪽으로 올 수 있어?" 하고 멀찍이 있던 남학생이 부르자, 노부코가 "아우 인기가 많아서 정말 피곤해 죽겠네" 하고 내 귓가에 속삭였다.

나는 모든 것을 알아차렸다. 노부코는 사과하고 싶어서 날 부른 게 아니다. 이 광경을 보여주고 싶었던 것이다. 노부코 안에서 나는 언제까지나 라이벌이었고, 자기가 고등학교에 들어와 인기인이 되고 이성의 사랑을 한 몸에 받는 모습을 보여줌으로써 이번에는 나에게 압승했다는 걸 보여주고 싶었던 것이다. 기특하다고 생각했던 사과도 앞으로 사이좋게 지내고 싶다는 말도 전부 거짓말이었다. 뭐 이런 애가 다 있지. 정말이지 변함없이 이기적이고 자존심 강하고 지기 싫어하는 여자였다.

역시 노부코는 재미있다. 너털웃음이 나올 정도로 성격이 나쁘고 시원시원하다.

"스즈키, 빈손으로 왔어? 선물 정도는 사 와!" 노부코는 부하를 다루듯이 나를 조롱했다.

"여신님, 그런 캐릭터였어? 평소와 달라! 중학교 때는 무서웠나봐?"라는 친구의 말에 "호호호, 에이 그렇지 않아." 시라토리 레이코(가면라이더 BLACK RX에 등장하는 시원시원한 성격의 여자주인공 – 옮긴이 주)처럼 소리 높여 웃으며 몸을 베베 꽜다.

'그런 캐릭터 아니었어……. 오히려 수수한 여자였어…….' 나는 마음속으로 어색하게 웃으며 부하 취급하는 것을 감수했다. 노부코는 내게 자신의 달라진 가치를 과시하고, 모두가 보는 앞에서 나를 조롱하고 굴욕감을 맛보게 하고 싶었던 것이다.

이것은 나에 대한 노부코의 길고 긴 복수였다. 그 엽서를 내게 썼을 때부터, 아니 어쩌면 훨씬 전부터 치밀하게 계획된 복수. 그리고 마침내 복수의 날이 다가온 것이다.

　나는 마음껏 이기게 해주겠다고 다짐했다. 나를 이겼다고 생각하는 것이 노부코에게 그렇게 중요하다면 얼마든지 이기게 해주마. 나에게는 그런 것이 좁쌀만큼도 중요하지 않으니까.

　나는 이 일로 분개하거나 굴욕감을 느끼지 않았다. 그저 가여운 노부코를 도와 꽃을 안겨주려 했을 뿐이다. 그것이 무엇보다도 패배이자 굴욕이라는 걸 여신님은 알지 못했다. 내가 보기에는 너무나 우스꽝스럽고 솔직히 웃기는 일이었다. 어서 집으로 돌아가 친구들에게 이야기해주고 싶어 입이 근질근질했다. 속으로 그런 생각을 하며 터져 나오는 웃음을 참고 싱글벙글 웃고 있는 내가 누구보다 성격이 나쁜 게 아닐까.

스즈키 가의 상자

음악의 신

──────── 내가 히사이시 씨와 처음 만난 건 영화 〈센과 치히로의 행방불명〉의 삽입곡 〈또 다시〉의 작사를 담당했을 때였다.

벽돌집에서 영화를 본 어느 날, 돌아가는 길에 아빠가 "여기에 전화해봐"라고 말하며 CD와 전화번호를 건넸다.

무슨 말인지 몰라서 "뭐야? 누구야? 왜 전화해?"라고 질문을 쏟아내는 나에게 아빠는 "일을 부탁하고 싶은 모양이던데 나는 잘 모르니까 일단 전화해봐"라고 최소한의 정보만 주었다.

아빠는 늘 그런 식이었다. 설명을 해주지 않았다. 더 이상 물어봤자 소용없다고 생각한 나는 일단 전화를 걸어야겠다고 생각했다. 일이라고 해도 무슨 일인지

짐작도 되지 않았다. 잡일 같은 아르바이트가 부족해서 부탁을 받을지도 모른다고 생각했다. 그렇다고 갑자기 생판 남인 나한테 그런 부탁을 하다니. 생각할수록 수수께끼만 더해질 뿐이다.

이 수수께끼를 푸는 유일한 방법은 전화를 거는 것이었다. 나는 여자인지 남자인지 알 수 없는 그 사람에게 전화를 걸어보기로 했다. 낯가림이 심한 나는 전화 한 통 걸기도 힘들었다. 누구인지도 모르는 사람에게 어떻게 말을 걸어야 할까. 상대방은 나를 알고 있을까. 아빠와는 어떤 관계일까. 궁금해봤자 소용없다는 생각이 순간적으로 머릿속을 맴돌며 전화를 걸었다.

전화를 받은 사람은 여자였다. "스즈키 도시오 씨의 딸 마미코입니다"라고 자기소개를 하자 상대는 곧바로 "마미코 씨, 연락해주셔서 감사합니다. ○○라고 합니다" 하고 자기소개를 한 뒤에 바로 "조속히 회의에 와주실 수 있을까요?"라고 이어서 말했다. 나는 그 순간 모든 것을 알아차렸다. 아빠와는 이미 이야기가 끝난 것이다. "난 모르는 일이야"란 아빠의 말은 역시 거짓말이었다!

하지만 이런 무방비 상태로 회의에 나갈 수는 없다. 아무래도 무슨 회의인지 물어봐야 할 것 같았다. 애초에 회의 같은 건 인생에서 한 번도 해본 적이 없었고, 어떻게 해야 할지 상상도 할 수 없었기 때문이다.

나는 머뭇거리며 "죄송해요…… 실은 아빠한테서 아무 말도 못 들었는데, 이번 일은 어떤 일인가요?" 하고 물어봤다. "아, 그렇군요. 대단히 죄송합니다." 상대 여성은 불안해하는 기색이었다. 그녀에게는 아무 잘못도 없었으므로 괜히 미안했다.

확실하게는 기억나지 않지만 "실은 이번에 히사이시 씨의 콘서트 때 〈센과 치히로의 행방불명〉의 삽입곡에 가사를 넣게 되었는데, 히사이시 씨가 꼭 마미코 씨에게 작사를 맡기고 싶다고 해서 스즈키 씨에게 부탁드렸습니다"라는 말이었다.

 ─────── 스즈키 가의 상자

〈컨트리 로드〉 때에 이어 내 머릿속은 온통 의문투성이였다. 우선 이미 개봉한 영화의 삽입곡에 가사를 붙인다는 게 무슨 말인가. 그리고 히사이시 씨가 누구지? 그리고 제일 중요한 건 왜 나한테 작사를 맡기려고 하는 건가? 내 직업이 뭔데? 사람 잘못 본 거 아닐까? 온통 의문투성이였다.

"저, 작사는 거의 해본 적이 없는데, 정말 저 맞아요?"라고 되묻는 것이 고작이었고, 여성은 "물론이죠, 마미코 씨입니다. 일단 한번 이야기를 들으러 오시지 않겠어요?" 하고 메일 주소를 알려주었다.

전화를 끊자마자 나는 곧바로 히사이시 씨를 조사했다. 지브리의 음악을 만들고 있는 작곡가 선생님이었다. 아무래도 대단한 분인 것 같다. 히사이시 씨와는 한 번도 본 적이 없으니 모르는 사이인 게 확실하다. 이런 내가 그런 대단한 분이 만든 곡에 가사를 써도 되는 것일까? 적임자가 있지 않을까. 나는 정중하게 거절해야 한다고 생각했다. 하지만 히사이시 씨는 왜 나에게 이런 제안을 했을까. 그리고 나는 이 제안을 거절했다가 나중에 후회하지 않을까?

　재미있는 경험이 될지도 모른다는 설렘과 그에 따른 중압감에서 도망치고 싶다는 생각이 내 안에서 서로 싸웠다. 그중에서도 가장 싫었던 것은 '회의'라는 미지의 것이었는데, 이렇게 제대로 된 장소에 가서 전문가들과 이야기를 나눈다는 생각만 해도 구역질이 날 것 같았다. 그리고 도망치고 싶은 마음에 거절하고 싶었다.

　하지만 나는 하고 싶지 않은 일을 하면 반드시 커다란 쾌락을 얻을 수 있다는 사실을 알고 있다. 하고 싶지 않은 일일수록 하는 편이 좋다는 사실 또한 안다. 처음에 하고 싶지 않은 일이 있다면, 그것은 나에게 해야 한다는 센서가 작동하고 있다는 뜻과 같다.

　몇 분 동안 고민하다가 생각하기 귀찮아져서 '일단은 아무 생각 없이 가보자'라고 결심했다. 가서 싫으면 도중에 그만두면 그만이다. 그렇게 생각하자마자 방금 전에 들은 메일 주소로 '일단 이야기를 듣고 나서 생각하고 싶으니 미팅하러 가겠습니다'라고 메일을 보냈다.

미팅 당일, 여성의 안내를 받아 방으로 들어가니 히사이시 씨가 있었다. 히사이시 씨는 "처음 뵙겠습니다. 늘 아버지에게 신세를 지고 있어요. 얼마 전에……"라고 스스럼없이 말을 걸어 주었다.

히사이시 씨의 첫인상은 상상했던 것과는 전혀 달랐다. 좀 더 관록이 있고 아우라를 뿜어내며 날카로운 눈을 가진 이미지였는데, 실제로는 싱글싱글 웃는 상에 눈썹이 축 처지고 생각보다 날씬했으며 가볍게 움직이는 아저씨였다. 부드러운 목소리로 정중하게 말하는 모습에서 나는 바로 호감을 느꼈다.

그리고 히사이시 씨는 "이번에 〈센과 치히로의 행방불명〉 삽입곡인 〈또 다시〉에 가사를 넣게 되었는데, 누구에게 작사를 부탁할까 생각하다가 스즈키 씨 딸이 작사를 한다는 게 생각나서 부탁해보기로 했어요"라고 말해주었다.

생각보다 가벼운 느낌으로 결정된 것 같아 놀랍기도 하고 마음이 조금 가벼워졌다. 이런 식이면 도저히 안 되겠다 싶을 때 거절하기 편할 것 같았다. 이분이라면 내가 거절해도 '그래요. 그럼 이번에는 다른 사람한테 부탁해볼게요'라고 가볍게 받아줄 것 같았다. 일단 이야기만이라도 들어보기로 했다.

하지만 이야기를 들어본다고 해도 뭘 들어야 할지 잘 몰랐다. 테이블 위에는 〈또 다시〉라고 적힌 악보가 놓여 있었다. 나는 그 악보를 집어 들고 멍하니 바라보았다. 우선은 내 현황을 먼저 확실하게 전해두는 편이 좋을 것 같아 나는 조심조심 "저는 아마추어라 아무것도 모르는데, 그래도 작사는 할 수 있는 건가요?"라고 히사이시 씨에게 물어봤다.

하지만 묻는 순간 깊이 후회했다. 지금까지 시종일관 웃고 있던 히사이시 씨의 표정이 한순간 변하더니 분위기가 확 달라졌다. "무슨 소리를 하는 거야? 네가

 스즈키 가의 상자

어떻게 아마추어야?"라고 말하는 듯한 놀라움과 어처구니없음이 뒤섞인 미묘한 표정을 짓고 있었다. 잠깐이었지만, 어울리지 않는 말을 하면 용서하지 않겠다는 기백이 느껴졌다.

이 방에 들어온 순간 나는 이미 프로 작사가다. 그래야 하는 것이다. 그렇지 않으면 거장인 히사이시 씨가 바쁜 시간을 쪼개 이런 식으로 회의를 할 수 없다. 한순간에 그 사실을 깨달은 나는 '거절'이라는 선택지가 없다는 사실을 깨달았다. 이야기를 듣고 생각해본다는 건 주제넘은 일이다. 이 프로젝트는 이미 움직이고 있었다.

히사이시 씨는 다시 웃는 얼굴로 돌아와서 "괜찮아요, 의논하면서 해봅시다. 분명 훌륭한 가사가 나올 거예요"라고 말하고는 "노래는 들어봤나요? 참고로 노래하는 사람은 히라하라 아야카 씨인데, 혹시 알아요?" 하고 이야기를 계속했다. 히라하라 아야카? 어디선가 들은 적이 있다. 〈주피터〉를 부른 사람이다. 굉장히 노래를 잘하는 사람. 아니지, 이 사람 프로 가수잖아. 그 히라하라 아야카가 내가 쓴 노래를 부른다고? 아니, 이게 무슨 일이람?

머릿속이 새하얘진 나는 입으로만 대답하고 있었는데, 이상하게도 그럴 때 말이 술술 튀어나왔다. 히라하라 아야카가 부른다는 사실에도 전혀 동요하지 않고 드라마나 영화에서 들어봄직한 말을 갖다 붙여서 "어떤 콘셉트로 쓰면 좋을까요? 넣으면 좋은 말이 있을까요?" 하며 베테랑 작사가가 할 법한 말이 잇따라 튀어나왔다. 실제로 나는 유체이탈하여 방의 천장 한구석에서 나를 바라보는 것 같았다. 나는 긴장이 극에 달할 때마다 유체이탈하곤 했다.

히사이시 씨는 모든 걸 나에게 맡기겠다고 했다. 생각나는 대로 써보라며, 시간이 얼마나 걸릴지 물었다. 전혀 짐작이 가지 않았다. 작사하는데 보통 어느 정도 시간이 걸리는 걸까? "보통 얼마나 걸리나요?"라고 되묻고 싶었지만 방금 전의 낭패가 생각나서 망설여졌

스즈키 가의 상자

다. 〈컨트리 로드〉는 금방 쓸 수 있었는데, 그렇게 금방 쓸 수 있을까? 내가 대답을 하지 못하고 가만히 있자, 히사이시 씨가 "그럼 일단 일주일 정도?"라고 채근했으므로 "그 정도로 하겠습니다"라고 대답했다.

히사이시 씨 사무실에서 돌아오는 길, 택시 안에서 나는 '큰일 났네. 이제 도망칠 수 없어. 어떡하지' 하고 초조감에 사로잡혔다. 아빠가 왜 좀 더 제대로 설명해주지 않았는지 원망스럽기도 했지만, 아빠에게 그런 평범한 행동을 요구해봤자 소용없었다. 설명을 해줬어도 나는 이 회의에 참석했을 것이다.

어쨌든 이미 움직이기 시작했다. 앞일은 생각하지 말고 지금 할 수 있는 일을 하는 수밖에 없다. 무서운 일에 직면해야 할 때면 나는 내 발밑만 보려고 한다. 높은 절벽에서 튀어나온 널빤지 위를 걸을 때 앞을 보면 발이 움츠러들어 한 발자국도 움직이지 못하기 때문이다. '잊어버리는' 것이 특기인 나는 앞으로 어떻게 될지는 일단 잊어버리고 발밑만 보고 걷기로 한다. 집에 도착할 무렵에는 "일단 잊어버리자"고 늘 하던 말을 되뇌며 먼저 돌아가면 무엇부터 해야 하는지를 생각했다.

집에 돌아오자마자 〈센과 치히로의 행방불명〉 영화를 보았다. 본 적은 있지만 거의 기억나지 않았다. 〈또다시〉가 어느 장면에서 흘러나오는지도 몰라서 일단 확인하려 했다.

제약이 없는 작사만큼 어려운 것도 없다. 이런 이미지로 그려달라느니 이런 말을 넣어달라느니 그런 말을 듣는 게 훨씬 편하다. 자유롭게 써보라고 하니, 어디서부터 어떻게 손을 대야 할지 막막했다.

먼저 이미지부터 만들어야 한다. 하지만 그 이미지가 히사이시 씨가 생각하는 이미지와 맞는지 알 수 없다. 모든 걸 맡긴다고 해서 무조건 다 괜찮다는 뜻은 아닐 것이다.

그래서 우선 공통의 이미지인 〈센과 치히로의 행방불명〉을 샅샅이 훑어보기로 했다. 그리고 나는 센이 되

 스즈키 가의 상자

기로 했다. 〈또 다시〉의 가사는 센이 쓰는 것이다. 센이 쓴 가사는 틀림없이 히사이시 씨의 마음을 움직일 것이다. 나는 센의 마음을 말로 표현하는 것뿐이다. 그렇게 생각하니 조금은 마음이 편해졌다.

솔직히 지브리 영화에 익숙하지 않은 나로서는 〈센과 치히로의 행방불명〉을 여러 번 보는 작업이 조금 고통스러웠다. 〈또 다시〉가 흘러나오는 장면만 보면 되지 않냐는 생각도 들었지만, 분명히 그것만 봐서는 이미지를 잡을 수 없을 것이다. 적어도 세 번은 봐야겠다 싶어서 연속으로 세 번을 봤다(솔직히 세 번째는 빨리 감으면서 봤다).

세 번 연속으로 봤더니 지금까지 생각지도 못한 새로운 부분을 발견할 수 있었다. 우선 캐릭터의 조예가 훌륭하다. 유바바, 가오나시, 오오토리사마, 보우, 쥐가 된 보우, 가마할아범까지. 미야자키 씨의 머릿속은 어떻게 되어 있는 것일까. 그리고 이렇게 주역급 캐릭터들이 많이 있는데 모든 캐릭터들이 서로 겹치지 않고 저마다 생동감이 넘친다. 그러면서도 모든 캐릭터들이 조금은 애틋하고 애수가 깃들어 있다. 어쩜 이렇게 훌륭한 영화가 있단 말인가.

보면 볼수록 〈센과 치히로의 행방불명〉이 마음에 들었다. 나는 이 매력적인 캐릭터들에 둘러싸여 센이 되었고, 하쿠와 손을 잡고 하늘을 날았다. 눈을 감자 왠지 모르게 이미지가 떠올랐다. 가사를 쓸 수 있을 것 같다.

이미지가 만들어지면 그다음은 곡에 단어를 얹는 작업이다. 우선 곡을 완벽하게 외워야 한다. 그리고 가사의 글자 수와 음표 수를 정확히 맞추고 싶었다. 〈컨트리 로드〉를 쓸 때만 해도 견본으로 쓰는 건 줄 알고 글자 수에는 크게 신경 쓰지 않아서 글자 수가 남아돌기 일쑤였다. 하지만 이번에는 정식으로 일을 받았으므로 글자 수가 남지 않게 아름답게 써야 한다고 생각했다.

그래서 먼저 악보에서 음표를 뽑아 시를 쓸 때처럼

 스즈키 가의 상자

줄지어 놓는 작업을 했다. 작사가가 이런 작업을 하는지는 모르겠지만 음표를 읽는 것보다 계이름이 나열되어 있는 쪽이 이미지가 잘 떠올랐다.

아주 이해하기 쉬웠다. 이런 식으로 가사를 쓰면 된다. 그리고 나는 나열되어 있는 계이름을 보면서 몇 번이고 노래했다. 조금 전의 이미지와 융합시켜서 머릿속으로 노래하면 어떤 구절이 생각날 것이다. 뭔가 결정적인 구절이 떠오를 것이다…….

그러나 아무 것도 떠오르지 않았다. 도무지 어떻게 표현해야 좋을지 알 수 없었다. 〈컨트리 로드〉에서 그랬던 것처럼 머릿속에 떠오를 것 같았는데, 그렇지 않았다. 머릿속에는 이미지가 떠올랐지만, 제대로 표현할 수 없어서 답답했다. 아무래도 이 방법은 아닌 것 같다. 방법을 바꿔보자.

이어서 나는 노래를 잊고 평소에 내가 가사를 쓸 때처럼 써보기로 했다. 어쨌든 지금 머릿속에 있는 이미지가 사라지기 전에 가사로 쓰고 싶었다. 아래는 그렇게 쓴 가사다.

<또 다시>

눈을 감으면 가슴 속 따뜻한 손으로 감싸주는 사람
까마득히 오래 전에 닿았던 온기

어두운 길을 헤매며 울고 있던 나
따스한 빛으로 언제나 비춰 주었지

나를 이끌어 준 건 언제나 너였어
겁쟁이인 내 등을 밀어 여기까지 데려다 주었지

믿어보자고 결심했을 때 수많은 문이 열렸어
앞으로 나아가기로 결심했을 때 그 너머의 빛이 나를 비추었어

스즈키 가의 상자

나를 이끌어 준 건 언제나 너였어

겁쟁이인 내 등을 밀어 여기까지 데려다 주었지

너만이 한줄기 빛

잡은 손을 놓지 말아줘

네가 비춰주는 길을 나는 홀로 걸어가리

똑바로 앞을 보며 멈춰 서지 않고

잊지 않을래 언젠가 다시 만날 그날을 위해

히사이시 씨에게 의뢰를 받은 지 이틀째 되던 날이었던 것 같다. 스스로 생각해도 좋은 시다. 마음에 들었다. 나는 센이 되어 하쿠에 대해 썼다. 하지만 마음에 든다고 해도 이건 가사가 아니다. 자, 어떻게 할까?

하지만 이 시가 마음에 들어서 우선은 이대로 누군가에게 보여주고 싶기도 했다. 그래서 무슨 생각이었는지 나는 이 가사를 히사이시 씨에게 보내야겠다고 생각했다. "의논하면서 해봅시다." 히사이시 씨가 그렇게 말하지 않았나. 혼자서 앞으로 나가기 어려울 때는 의논해도 괜찮다고 스스로에게 타이르면서 용기 내어 히사이시 씨에게 메일을 보냈다.

 히사이시 씨와의 메일은 히사이시 씨의 본명인 '후지사와 마모루'란 이름으로 주고받았는데, 왠지 히사이시 씨에게 메일을 보낼 기분이 나지 않았다. 만난 적도 없는 다른 사람의 의견을 묻는 기분이었다. 하지만 그 점이 나에게는 다행이었다. '임금님의 귀는 당나귀의 귀'라고 동굴에 대고 외치는 하인처럼, 존재가 불확실한 '후지사와 마모루'란 사람에게는 뭐든지 말할 수 있을 것 같았다.

<또 다시>의 이미지를 떠올리며 가사를 써봤습니다. 그런데, 저는 이 가사를 곡에 딱 맞춰 넣을 수가 없습니다. 이 가사가 마음에 드는데 어디를 생략해야 할지 모르겠습니다. 어떻게 할까요.

 ──────── 스즈키 가의 상자

후지사와 마모루 씨에게 프로답지 않은 메일을 보낸 것이다.

전송 버튼을 누르자마자 히사이시 씨에게 전화가 왔다. 한순간 받기가 망설여졌다. 후지사와 마모루 씨에게 메일을 보냈는데 히사이시 씨에게서 전화가 왔다. 갑자기 현실감이 느껴져서 무슨 말을 듣게 될지 더럭 겁이 났다.

머뭇머뭇 전화를 받았더니, 히사이시 씨는 흥분한 목소리로 "훌륭해, 아주 훌륭한 가사에요. 이틀 만에 이걸 썼다니 마미코 씨에게 부탁하길 잘했어!"라고 예상치 못한 극찬을 해줬다. 글자 수가 곡에 맞지 않는 건 아무래도 상관없다는 듯이.

나는 머리를 뭔가로 얻어맞은 듯이 강하고, 충격적인 감동을 느꼈다. 히사이시 씨와 내가 공명하고 서로에게 감동하여 다른 건 어떻게 되든 상관없게 된 순간. 이 얼마나 멋진 순간인가. 고양감이 싹트고 모든 게 잘 될 것 같았다. 지금 이 기분 그대로 글을 쓰면 완벽한 가사를 쓸 수 있을 것만 같았다. 나는 더 이상 참을 수가 없어서 "글을 쓰고 싶어졌어요. 다시 연락드리겠습니다"라고 말하고는 곧바로 전화를 끊었다.

그리고 다시 한 번 악보를 보고 조금 전에 쓴 가사를 떠올리면서 짧은 가사를 낭독했다. 아무 생각 없이 그저 아름다운 말을 내뱉어본다. 어디를 빼먹으니 어쩌니 하는 생각은 하지 않는다. 새로운 가사를 짓는다. 그러면 가사가 써질 것 같았다. 짧게 줄여보았지만 뭔가 다르다, 어딘가 맞지 않는다, 마음에 딱 와 닿지 않는다. 나는 음표를 보면서 노래를 불러보았다. 좋은 가사가 나왔지만 역시 뭔가 다르다, 맞지 않는다, 글자가 남는다.

그때부터는 사무적인 작업이었다. 일단 가사에 대한 집착은 잊고 최대한 사무적으로 작업해보기로 했다. 계이름에 가사 하나하나를 붙여보았다. 여기에는 이 말이 더 좋을지도 몰라. '믿어보자고'는 '믿고 나아가 보자고'로 바꾸자. 하쿠는 어두운 길에서 울고 있던 센

 스즈키 가의 상자

을 빛이 있는 곳으로 인도해 주었다. 그 길을 걸어가는 모습을 표현하고 싶었다.

〈또 다시〉

시파시라파 파솔파미파

아주 먼 옛날에

솔라시라솔파레시도레솔레시도

닿았던 적 있는 저 따스함

시파시라파 파솔파미파

날 이끌어주었던 건

솔라시라솔파시레미솔라레도시

언제나 나의 빛인 당신

시시레레도시레 레미미레미파

믿고 (나아가) 보자고 결심한 그때

파파미미 파솔솔파 파솔라솔파미레

문이 열리고 그 너머의 빛이

시파솔파미레레도

나를 비추었어

(후렴구)

레파시라파 파솔파미파

푸른 하늘로 날아가자

솔라시시라도 시시도레파레도시

꼭 잡은 그 손을 놓지 말아줘

시시레레도미레 레미미레미파

당신이 비추어준 이 길을

파파미미 파솔솔파 파솔라솔파미레

이제 혼자 걸어가. 앞을 향해서 곧게 ← (돌아보지 말고 앞을 향해서 곧게)

미파솔파 미레레도

 ──────── 스즈키 가의 상자

멈춰서지 말고

(후렴구)
레파시라파 파솔파미파
잊지 않고 살아간다면
솔라시시라도 시시도레파레도시
언젠가 다시 만날 거라고 믿고 있어 ←(그 날을 위해)

날 이끌어주었던 건
언제나 나의 빛인 당신

 수정을 거듭한 끝에 겨우 최종 가사가 완성되어 바로 히사이시 씨에게 연락했다. 또다시 히사이시 씨에게 전화가 왔다. "아주 좋아요. 하지만 하쿠가 센을 인도하는 게 좀 뜬금없는데. 이전 가사에 '어두운 길을 헤매다'는 문구가 있었는데 그걸 첫 번째에 넣으면 어떨까요? 그러면 어두운 길에서 손을 잡아 빛이 있는 곳으로 끌고 간다는 이미지가 굉장히 알기 쉽게 느껴지거든요"라고 말했다.

그렇게 말하는 히사이시 씨는 매우 흥분하기도 하고 설레기도 하다는 듯이 "어두운 길에서 헤매던 내가 이끌리듯 빛이 있는 쪽으로 나아간다. 괜찮은데요? 너무 좋네요"라고 열정적으로 말했다.

솔직히 '어두운 길을 헤매다'라는 문구를 넣고 싶었지만, 그러면 다른 가사를 지워야 했다. 다른 가사도 너무 마음에 들어서 하나도 지우고 싶지 않았다. 다음 날 완성된 가사를 들고 회의에 방문하기로 약속하고, "조금 더 생각해보겠습니다" 하고 전화를 끊었다.

그러고 나서 나는 어디를 지워야 할지 고민하고 또 고민했다. 다른 문구는 절대 지우고 싶지 않았기 때문이다. 하지만 히사이시 씨가 뜬금없다고 했으니 '어두운 길을 헤매다' 문구는 넣는 편이 좋을 것이다. 하지만 넣을 공간이 없다. 이런 식으로 문구를 지워야 한다면 이제 이 일을 거절하고 싶다는 생각까지 들었다.

 ──────── 스즈키 가의 상자

마음에 드는 글을 지우는 건 매우 스트레스였다. 좋아하는 일을 직업으로 삼아서는 안 된다고 생각하면서 몇 시간이고 고민했지만 답이 나오지 않아서 결국에는 포기하고 말았다. 일단 내일 가서 의논하자. 나는 도저히 결정할 수가 없다. 최종적으로 어디를 지울지는 히사이시 씨에게 결정하라고 하면 된다.

굳이 말하자면 '푸른 하늘을 날아가자'는 부분일지도 모르지만, 그 뒤의 '꼭 잡은 그 손을 놓지 말아줘'가 노래할 때도 힘을 주어 흥을 돋울 수 있는 아주 좋은 구절이다.

고민에 고민을 거듭했지만 답은 나오지 않았고, 나는 결국 곡을 완성하지 못한 채 다음 날 미팅을 하러 갔다.

다음 날, 히사이시 씨는 칭찬의 말과 함께 나를 맞아주었다. "이렇게 빨리 그렇게 좋은 가사가 나와서 놀랐어요. 떠오르는 이미지도 아주 좋았고. 그걸 보고 좋은 곡이 나올 거라고 확신했어요."라고 말해주었다.

몹시 기뻤다. 기뻤지만 내 마음은 우울했다. 오늘 마지막 가사가 정해지고, 내가 쓴 가사의 어떤 구절이 지워진다. 슬퍼서 견딜 수가 없었고, 어디를 지우고 어떤 가사가 나올지 상상도 할 수 없었다. 일단 지울 수 없었던 이유를 이야기하기로 하고, 써온 가사를 꺼내 히사이시 씨에게 보여주었다.

"'어두운 길을 헤매며 외톨이가 되어 울던 나'라고 가사를 썼는데, 그 구절을 넣으면 후렴구가 하나 더 늘어나서 어느 하나는 지워야만 해요. 제가 보기에는 지워도 된다고 생각되는 문구가 없어서 고르지 못했어요. '푸른 하늘로 날아가자' 부분을 지울까도 했는데, 거기도 날갯짓하는 이미지가 너무 좋아서 망설여져요"라고 솔직하게 말했다.

그 때 히사이시 씨가 했던 말을 나는 평생 잊지 못할 것이다. 히사이시 씨는 내가 쓴 가사를 보고 "아주 좋은 가사니까 어디든 지우고 싶지 않겠지요. 푸른 하늘

 스즈키 가의 상자

에 날갯짓한다는 부분은 지우면 안 돼요. 내가 곡을 바꾸는 게 낫겠어요. 이 가사에 맞게 곡을 바꾸지요"라고 말해준 것이다. 따뜻한 말투가 마음속에 스며들었다.

그리고 천천히 악보를 꺼내더니 "여기에 후렴구를 하나 더 넣으면 될까요?" 하고 바로 펜으로 표시해주었다.

나는 방심한 상태에서 멍하니 "네……" 하고 얼빠진 목소리로 대답했던 기억이 난다. 무슨 말을 들었는지 이해가 잘 되지 않았다. 내가 쓴 가사에 맞게 히사이시 씨가 곡을 바꿔준다니 꿈에도 생각해보지 않았던 일이다. 너무 감동해서 당장이라도 눈물이 쏟아질 것 같았지만 꾹 참느라 말이 나오지 않았다.

히사이시 씨처럼 대단한 음악가는 나 같은 풋내기 작사가가 쓴 한 구절도 이렇게 소중하게 대해준다. 히사이시 씨가 음악의 신처럼 보였다. 음악을 사랑하고, 곡을 사랑하고, 가사의 한 구절을 사랑하는 사람이라서 비범한 재능을 타고난 거라고 생각했다.

〈또 다시〉의 가사는 이렇게 완성됐다. 히사이시 씨의 딸 마이 씨가 가이드로 부른 완성곡을 들었을 때는 눈물을 참을 수 없었다. 히사이시 씨는 "정말 훌륭한 곡이에요. 좋은 가사야"라고 몇 번이나 칭찬해주었다. 나는 솔직히 진심으로 기뻤다.

〈또 다시〉

아주 먼 옛날에
닿았던 적 있는 저 따스함

어두운 길을 헤매며
외톨이가 되어 울던 나

믿고 나아가보자고 결심한 그 때
문이 열리고 그 너머의 빛이 나를 비추었어

스즈키 가의 상자

푸른 하늘로 날아가자

꼭 잡은 그 손을 놓지 말아줘

당신이 비추어준 이 길을 이제 혼자 걸어가.

앞을 향해서 곧게, 멈춰서지 않고

잊지 않고 살아간다면

언젠가 다시 만날 거라고 믿고 있어

날 이끌어주었던 건

언제나 나의 빛인 당신

〈또 다시〉는 〈히사이시 조 in 부도칸-미야자키 애니메이션과 함께 걸어온 25년〉 콘서트에서 첫 선을 보였다. 오케스트라가 익숙한 인트로를 연주하고 무대 위에서 히라하라 아야카 씨가 내가 쓴 가사를 부르기 시작했을 때는 세상이 멈춰버린 것 같았다. 말로 표현할 수 없는 흥분과 감동으로 온몸의 피가 역류하는 느낌이었다. 소름이 돋아 한 발짝도 움직이지 못한 채 하염없이 흐르는 눈물을 닦지도 못하고 그저 눈앞의 믿을 수 없는 광경에 못 박혀 있었다. 황홀하다는 말은 이럴 때 쓰는 걸까.

콘서트가 끝나고 얼마 후, 히라하라 아야카 씨의 앨범에 〈또 다시〉가 수록되기로 결정되면서 레코딩을 구경할 기회가 있었다. 콘서트 때 한 번 만났던 히라하라 아야카 씨는 레코딩에서 유난히 아우라를 발산하며 만지면 부서질 것만 같은 섬세함을 휘감고 있는 것처럼 보였다.

녹음실 바닥에 웅크리고 앉아 아카펠라로 이리저리 이상한 소리를 내며 발성 연습을 했다. 그 발성 연습만으로도 앨범을 하나를 뚝딱 만들 수 있을 정도로 아름다운 목소리가 나서 세상에 존재하지 않는 요정의 악기 같다고 생각했다.

 ──── 스즈키 가의 상자

녹음실에서 히라하라 아야카 씨는 히사이시 씨의 말을 순식간에 알아듣고 요정의 악기를 능숙하게 연주했다. 프로 가수는 이렇게 다양한 목소리를 가지고 있다는 사실에 놀랐다.

"'히'가 달라. 더 강하면서도 애절하게"란 요구에도 즉석에서 대응하며 여러 종류의 '히'를 소화해냈다.

그럴 때마다 나는 마음속으로 '와, 순식간에 목소리가 바뀌었어. 정말로 애절해졌잖아!' 하고 소리쳤다.

여기에 또 한 명 요정의 악기를 가진 음악의 신이 있었던 것이다.

두 음악의 신이 경연을 펼치는 곳은 이 세상의 것이라고 생각할 수 없는 천국과도 같은 공간이었다. 그리고 나는 그 장면을 유체이탈하여 방의 천장 구석에서 쭉 지켜보았다.

─────── 나의 두 할머니는 매우 대조적이었다.

외할머니는 아주 온화하고 상냥하고 우아해서 할머니란 이미지에 딱 맞는 사람으로 할아버지에게는 존댓말을 쓰고 남편의 한 발짝 뒤에서 걷는, 소박한 쇼와 시대 여성의 대명사 같은 사람이었다. 간토대지진 때 정원의 큰 나무에 매달려 지진이 잦아들기를 기다렸다는 일화가 있는데, 어린 마음에 할머니가 〈바람과 함께 사라지다〉의 스칼렛 같다고 생각했다. 그래서인지 심지가 강한 여성이라는 인상이 있었다.

그런 할머니가 암으로 입원해서 병실에 문병을 갔다가 얼굴이 통통 부어 있는 것을 보고, 눈물이 멈추지 않아 친척들에게 쫓겨났던 것을 기억한다. 할머니 앞에서는 울지 않겠다고 다 같이 약속하고 병문안을 갔는데, 언제나 따뜻한 미소로 상냥했던 할머니가 병실

 스즈키 가의 상자

침대에서 완전히 변해버린 모습을 보니 눈물을 참을 수가 없었다.

반면 친할머니는 할머니란 이미지와는 거리가 먼 사람이었다.

나고야에 사는 할머니를 언제 처음 만났는지는 기억이 가물가물하지만, 철들었던 초등학생 때의 기억으로는 할머니는 언제나 할아버지 욕을 했다. "이 망할 영감탱이, ○○하고 ○○한 주제에 항상 나를 두들겨 팼어." 지금 생각해보면 도저히 초등학생의 앞에서 할 수 없는 육두문자를 섞어가며 늘 할아버지에게 욕을 했다.

같은 공간에 있고 싶지 않다며 집에서는 1층과 2층으로 나눠 살았고, 가족끼리 외출할 때도 같은 엘리베이터를 타고 싶지 않다며 할머니만 일부러 따로 에스컬레이터를 타고 위층으로 올라가거나 하며 옥신각신했는데 내가 보기에는 그 대화가 부부 만담을 보는 것 같이 재미있었다.

할아버지는 아주 다정하고 손자들과 잘 놀아주는 사람이었다. 나고야의 집에는 필로라는 개가 있었는데, 나는 나고야에 놀러 갈 때마다 필로와 할아버지와 함께 산책을 나가곤 했다. 할아버지와 함께 연을 만들어서 필로와 함께 큰 연을 쫓아 강변을 달렸다.

장기를 가르쳐준 것도 할아버지였다. 장기말을 겨우 외우는 수준이었던 나는 몇 번이나 할아버지와의 승부에서 승리하며 승리의 포즈를 취했지만, 지금 생각해보면 할아버지가 일부러 져준 것이었다. 나는 필로와 할아버지를 무척 좋아했다.

그런 할아버지와 필로에게 "빌어먹을 할아범! 더러운 개! 나는 키우고 싶지 않았어"라고 입에 담지 못할 욕을 하는 할머니를 나는 마귀할멈이라고 생각했다. 할머니는 할아버지에게 얻어맞았다고 늘 불평했지만, 착하고 온화한 할아버지가 할머니를 때렸다니 믿을 수 없었다. 그럴 때마다 아무리 욕을 먹어도 쓴웃음을

 스즈키 가의 상자

지으며 한마디 하는 정도였던 할아버지가 어느 날 말했다.

"그건 자네가 칼을 들고 쫓아왔기 때문이잖아."

그 말을 들었을 때 나는 부엌칼을 한 손에 들고 마귀 같은 표정으로 할아버지를 쫓아가는 할머니를 상상하며 역시 진짜 마귀할멈이라고 생각했다. 할머니는 "살려주소, 살려주소"라고 말하는 것이 입버릇이었는데, 마음속으로 '그건 내가 할 말이야!'라고 쏘아붙였다.

지금까지 피해자인 척 늘 할아버지를 나쁜 사람으로 몰았던 할머니가 부엌칼의 진실이 밝혀지고 어떤 표정을 지을지 슬쩍 보니 아무 일도 없었다는 듯이 태연한 얼굴로 욕을 퍼붓고 있었다.

할아버지의 완패였다.

내가 중학생이 되자 아이돌 히카루겐지가 전성기를 맞이했고, 어김없이 나도 히카루겐지의 모로호시 군을 좋아하게 됐다. 그런 와중에 나고야에 갔더니 할머니가 "히카루겐지인지 뭔지라는 사람, 소속사에 전화해서 물어봤다"라고 영문을 알 수 없는 말을 했다. 자세히 들어보니 내 결혼 상대로 적합한지 쟈니즈 사무소에 전화해서 물어봤다는 것이다. 결혼이니 뭐니 그런 게 아니라 그냥 팬이라고 아무리 설명해도 할머니는 전혀 이해해주지 않았다. 할머니는 생각이 떠오르면 곧바로 행동으로 옮기는 사람이다.

스펙이 좋은 남자와 결혼해서 기모노를 오동나무로 만든 옷장에 잔뜩 넣고 시집을 간다. 할머니에게는 그것이 확고한 여자의 행복이었다.

"할아버지가 좋은 회사에 다녀서 결혼했는데 바람만 피우고 변변찮은 남자였지 뭐냐. 속았어!"라고 늘 말했으므로 스펙이 좋은 남자와 결혼해도 반드시 행복하지 않다는 좋은 예가 눈앞에 있다고 생각하면서 할머니 얘기를 들었다.

할아버지의 바람은 사실이었던 것 같다. 하지만 그 후 할머니는 할아버지가 다니던 회사에 쳐들어가 불류을 폭로했고, 덕분에 할아버지는 회사에서 잘린 것 같다.

높은 스펙을 잃으면 할머니에게 결혼한 의미가 없지 않냐고 생각했지만, 역시 할머니는 할아버지를 좋아했던 것이다. 좋아하지 않았다면 바람 따위는 아무래도 상관없었을 것이다. 회사를 그만두게 할 정도로 화를 낸다는 건 할아버지를 사랑하고 있다는 증거다. 그래도 그 시대에 그런 짓을 하다니 할머니는 역시 미쳤다.

여기서도 할아버지는 완패했다.

그런 할머니는 편지를 아주 잘 썼다. 생일이나 크리스마스에는 좋은 옷을 선물하면서 달필로 예의 바르고 멋진 글이 담긴 편지를 써주었다. 그 무렵, 우리들이 나고야에 놀러 가도 "손주하고 밥을 먹다니, 귀찮다"며 할머니는 오지 않았지만, 편지 속의 할머니는 매우 자상하고 손주를 생각하는, 이른바 평범한 할머니였다. 실제 이미지와는 너무 연결되지 않아서 나는 대필 작가라도 있는 게 아닐까 생각했다.

어느 날 할머니가 보낸 편지의 발신인이 다른 이름으로 온 적이 있었다. '대필 작가가 자기 이름을 썼나?'라고 생각했는데 할머니에게 물어보니 "내 이름이다. 너무 구식이라 바꿨어"라고 했다.

할머니답다. 오래되고 마음에 들지 않는 것은 가차 없이 버리고, 바꾸고 싶을 때는 자유롭게 이름을 바꾼다. 그게 할머니다운 모습이다. 몇 년 후, 다시 태연하게 원래 이름으로 돌아온 것을 보고 웃음을 터트렸다.

여든 살이 되었을 때, 할머니는 고령의 할아버지를 홀로 나고야에 남겨두고 도쿄로 왔다. 다리가 불편해서 걸을 수 없게 됐다는 게 상경의 이유였다. 그러나 에비스에 온 할머니는 건강 그 자체로, 집 근처에 백화점이 있다는 것에 크게 기뻐하며 매일 쇼핑센터에 튀김을 먹으러 갔다. 그 튀김집 점원과 친해져서 밥을 먹

 스즈키 가의 상자

으러 가거나 가부키를 보러 가는 등 일상을 즐겼고, 나고야로 돌아가고 싶다는 말은 입도 벙긋하지 않았다. 도쿄에 살면 나고야가 그리울 거라는 가족의 걱정은 기우에 그쳤다.

그로부터 1년쯤 뒤에 할아버지가 암에 걸려 에비스에 있는 같은 아파트로 이사 왔다. 할머니가 할아버지와는 절대로 같은 방을 쓰기 싫다고 해서 같은 아파트의 다른 방으로 이사를 해야만 했다. 그 무렵부터 할머니가 할아버지를 부르는 호칭은 '망할 영감탱이'에서 '암 덩어리 영감탱이'로 바뀌었다. 정말이지 지독한 이름이다.

하지만 참 재미있는 이름이란 생각도 들었다. 암에 걸렸다는 슬픈 사실을 날려버릴 만큼 파괴력이 있다. 침통해하거나 가만히 넋을 놓은 채로 슬퍼해봤자 소용없다. 그런 할머니의 씩씩함은 우리를 조금이나마 기운 나게 해주었다.

씩씩한 할머니와의 일화가 하나 더 있다. 3.11 지진이 일어났을 때 나는 남편과 함께 집에 있었는데, 당시에 같은 아파트 10층에 살고 있던 할머니가 걱정되어 가보기로 했다. 할머니는 바닥에 쓰러져 있었다. 할머니를 남편이 업고 계단을 내려와 우리 방으로 데려왔다. 할머니는 지나가는 이웃에게 "아이고 무서워, 아이고 무서워!"라고 외쳤고 그럴 때마다 다정히 달래주었다. 아무리 할머니라도 지진은 무서워하는구나 싶어, 세심한 주의를 기울이며 방까지 옮겼다.

할머니를 방에 앉히고 나는 동요하여 방안을 이리저리 서성거리며 "할머니, 괜찮아요. 무서워하지 말고 진정하세요"라고 몇 번이나 말해주었다.

할머니는 아까와는 딴판으로 침착하게 "넌 이런 게 무섭니? 난 하나도 안 무서워. 너 참 겁도 많다"며 차갑게 말해서 나는 할 말을 잃었다. 아까는 사람들 앞에서 그렇게 무서워하더니! 우리의 동정을 바란 연기였던 것이다.

스즈키 가의 상자

"지진 따위 아무것도 아니니까 겁내지 말고 앉아."
할머니 말을 듣고 나는 내가 소란을 피우는 것이 바보처럼 느껴져 순순히 앉았다.

이 할머니와 함께라면 안심이다. 어떤 일에도 동요하지 않는다. 무슨 일이 생기면 할머니를 방패로 삼아 도망치자고 속으로 생각했더니 신기하게도 공포도 사라졌다. 긴박한 분위기가 순식간에 풀어지고 웃음으로 뒤덮였다.

역시 할머니는 씩씩하다. 이런 점이 언제나 마음을 편안하게 만들어 준다.

아빠는 할머니의 그런 씩씩함을 물려받았다.

예전, 외할아버지가 돌아가셨을 때의 일이다. 밤샘하며 우는 가족 앞에서 아빠가 할아버지의 초상화를 잔뜩 그리기 시작했다. 그 초상화는 반들반들하게 대머리였고, '대머리'란 글자가 정성스럽게 곳곳에 적혀 있었다. 아빠는 그 초상화를 온 집안에 붙였다.

생전에 아빠는 장인인 할아버지에게 '대머리 할아버지'란 무례한 말을 아무렇지도 않게 했다. 굳이 따지자면 고지식하고 점잖은 할아버지였지만 그럴 때만큼은 "시끄러워, 도시오! 바보 같은 놈!" 하고 호통을 치며 너털웃음을 지었다. 가족들은 방 안에 붙어 있는 초상화를 보며 그 날들을 떠올리고, 슬픈 날 눈물을 흘리면서도 쿡쿡하고 웃었다.

그 후 스님이 와서, 모두가 정좌한 상태에서 조용히 눈을 감고 스님의 불경을 듣고 있을 때, 스님의 목소리를 지울 정도로 커다란 코고는 소리가 방 안에 울려 퍼졌다. 책상다리를 하고 눈을 감고 있던 아빠가 몸을 위아래로 흔들며 졸고 있었던 것이다. 고요한 공기 속에서 단조롭게 울리는 경을 외는 소리와 아빠의 코골이의 하모니가 너무 초현실적이어서 모두 웃음을 참기 힘들었다. 한 사람이 웃음을 터뜨리자 웃음을 터뜨리는 사람이 연이어 속출했다. 눈앞에는 '대머리'라고 쓰여 있는 초상화가 있다. 장례식장은 웃음을 참는 인내

스즈키 가의 상자

심 대회로 변해 있었다. 조금 전까지만 해도 모두가 통곡하고 있었는데. 마치 코미디 영화 같은 광경이었다.

가장 슬픈 날이었던 그날은 너무나도 웃긴 철야로 가족들 사이에서 회자되고 있다. 아빠에게는 주위를 늘 즐거운 분위기로 바꾸는 힘이 있다. 그 힘은 할머니에게서 물려받은 것이라고 생각한다.

그런데 도쿄에 올라와 에비스의 아파트로 이사 온 할아버지는 그 방에 살기도 전에 그대로 입원 생활을 시작했다. 나는 자주 병문안을 갔다. 그때 할아버지가 "그 여편네는 한 번도 병문안을 오지 않는구나. 갈아입을 옷도 없어서 다 샀다" 하고 불평했다.

할머니에게 "왜 병문안을 안 가?" 하고 물었더니 "기분 나쁜 암 덩어리 영감탱이, 암 옮는다"라고 또 심한 말을 했다. 평생 갈 것 같지 않아서 속옷이나 반찬은 다른 가족들이 가져오기로 했다. 나중에 할아버지가 아빠에게 할머니가 상경한 것을 두고 "네가 할머니를 훔쳤다"라고 말했다는 말을 듣고 놀랐다.

할아버지에게 할머니는 함께 있고 싶은 존재였을까. 할아버지가 상경해서 입원하면 병문안을 와서 정성껏 보살펴줄 거라 생각했던 것일까. 그렇다면 할아버지의 희망은 모조리 산산조각이 난 셈이다. 동정을 금할 수 없는 동시에, 역시 이 두 사람은 부부 만담가 같다고 생각하고 몰래 웃었다.

투병 생활 중에도 늘 밝은 모습을 보여주려 애쓰던 할아버지. 아직 살고 싶다, 죽고 싶지 않다고 했지만 도쿄에 온 지 몇 달 후에 세상을 떠나셨다. 입원만 하다가 아빠와 함께 에비스 아파트에서는 거의 살지 못했다.

할아버지의 임종을 지키러 가는 길에, 역시 할머니를 모시고 가야겠다고 생각해 함께 갔지만 할머니는 끝까지 할아버지 병실에 들어가지 않았다. "무서워, 또 때릴 거야"라며 마지막까지 피해자인 척하다가 "보고 싶지 않아, 죽은 사람이라니 기분 나빠"라며 충격적인

발언을 했다.

사실 아빠의 여동생, 그러니까 고모는 서른 살쯤에 세상을 떠났는데, 백혈병이었다고 한다. 할머니에게는 큰딸이 된다. 고모를 생각하면 힘들겠지 생각한 적도 있었지만, "그 애는 지 애비를 꼭 닮아서 지 애비 편만 들어서 싫었어"라고 죽은 사람을 때리는 말을 늘어놓았다. 고모의 사진을 발견하고 할머니에게 보여주러 갔을 때도 "기분 나빠, 보고 싶지 않아, 내다버려"라고 말해서 깜짝 놀랐다. 이런 부모가 있단 말인가.

할머니가 가장 극악스러웠던 때는 할아버지의 장례식에서 밤샘 준비하고 있을 때였다. 장의사에게 "이 사진은 보고 싶지 않으니 버려버려. 가져가란 말이야"라고 난리를 쳤다. 장의사가 거절하자 "그럼 뒤집어놔. 기분 나빠서 보고 싶지 않으니까"라고 쏘아붙였다. 그리하여 할아버지의 장례식은 영정사진을 뒤로 하고 치러지게 되었다.

이런 장례식이 또 있을까? 어이가 없으면서도 재미

있었다.

할머니는 철두철미하다. 이런 슬픈 장면에서도 할머니는 늘 변함이 없다. 눈물도 흘리지 않고 할아버지에 대한 욕도 멈추지 않는다. 화장한 유골에 대고 욕을 하는 할머니를 보고 나는 또 부부 만담 같다고 생각했다.

할아버지가 돌아가시고 나서부터 할머니는 순식간에 기운이 없어졌다……는 일도 전혀 없었고, 변함없이 이웃 사람과 금방 친해져서 밖을 쏘다녔다.

할머니는 겉보기에 아주 사람 좋고 붙임성이 좋아서 사람들에게 인기가 있었다. 전혀 모르는 사람에게도 아무렇지도 않게 말을 걸어 친해졌다. 그리고 가족에 대한 험담을 해서 동정을 샀다.

한번은 아빠와 할머니와 함께 산책을 나갔다. 린신 노모리 공원을 걷고 있는데 할머니가 "피곤해, 걷기 싫다, 집에 가고 싶다"며 소란을 피우기 시작했다. 운동도 중요하니까 "저기까지만 가보자"라고 목표를 정해

스즈키 가의 상자

천천히 걷고 있었다. 그러자 할머니는 나무밑동을 발견하고 그 위에 앉아 꿈쩍도 하지 않았다. 아빠는 한참 앞서 걸어가고 있어서 나는 할머니에게 잠깐 기다리라고 말하고 아빠를 서둘러 쫓아갔다.

할머니에게 돌아오니 할머니 주위에 사람들이 모여 있었다. 손주에게 괴롭힘을 당하고 있다고 울상을 지으며 일장연설 중이었다. 이럴 수가! 누가 괴롭힌다는 거야!

"죄송합니다. 할머니가 원래 이런 분이라" 하고 상쾌한 미소를 지으며 들어갔지만 주위 사람들이 나를 보는 눈빛은 싸늘했다. 대체 무슨 말을 한 걸까? 자신에게 관심을 모으고 동정을 사기 위해서는 불이 없는 곳에서도 연기를 피우는 사람이라 귀찮아죽겠다. 눈물을 글썽이는 가엾은 노인을 상대로는 승산이 없다.

그런 거짓말은 엄마와 할머니 사이에서도 일어났다. 엄마는 정말로 이렇게까지 하냐는 말이 나올 정도로 열심히 할머니를 보살폈지만, 할머니는 무슨 일이 있을 때마다 엄마의 소문을 악의적으로 퍼뜨렸다. 자신을 불쌍한 할머니로 보이고 싶어서 엄마를 나쁜 사람으로 만드는 것이다. 엄마는 할머니의 소행에 울컥해서 화를 냈다.

엄마는 남에게 뭔가를 해주는 것을 좋아했지만, 할머니는 그런 엄마의 호의를 전부 원수로 갚았다. 할머니가 기뻐하실 것 같은 선물을 사가도 "이게 뭐야, 이런 거 필요 없어"라며 튕겨내기 일쑤였다. 엄마는 "보통 저렇게 행동하니?"라고 화를 냈지만, 할머니는 보통이 아니었다. 보통을 바라는 쪽이 잘못된 것이다.

지나치게 건강했던 할머니도 해를 거듭할수록 다리와 허리가 약해져서 간병 생활이 시작되었다. 간병 생활이라고 하면 가혹할 거라는 인상이 있었지만, 엄마를 중심으로 많은 사람이 간병을 하기도 하여 가끔 도와주는 정도의 나에게는 그렇게 힘든 일은 아니었다.

하지만 기분이 안 좋을 때 할머니는 최악이었다. 기

저귀를 채우려 하면 저항하며 지팡이로 힘껏 때리곤 했다. 팔을 잡고 손톱으로 할퀸 적도 있었다. 엄마는 그런 일을 하도 당해서 상처가 끊이지 않았다.

만일 내가 사랑하는 다정한 할머니였다면 나는 그 모습을 보고 충격을 받았을 것이다. 하지만 상대는 마귀할멈이다. 나는 할머니가 어떤 모습을 보여줘도 놀라지 않았다. 휘두르는 지팡이를 붙잡고 한 손으로 잽싸게 기저귀를 벗기고 저항도 무시한 채 기저귀를 채웠다. "손주라면서 너같이 못된 애는 본 적이 없어! 연약한 늙은이를 괴롭히다니!"라고 욕을 해댔지만 대수롭지 않게 여겼다. "연약한 노인? 그게 어디 있는데?" 하고 웃으며 재빨리 일을 처리했다.

때로는 울음을 터뜨리기도 했다. "몸이 힘들어서 기저귀를 갈 때마다 죽을 것 같다"라고 과장되게 우는 시늉을 했지만, "응, 그러면 멋진 장례식을 치러줄게. 그런데 그날이 언제야?" 하고 기저귀를 채웠다. 할머니는 억울한 표정으로 계속 욕을 해댔다. "그만큼 남욕을 할 수 있다는 건 건강하다는 증거야." 온 가족이 매일같이 몇 번씩 할머니에게 했던 말이다.

간병이 힘든 이유는 건강했던 사람이 점점 더 약해지고 때로는 공격적이 되는 모습을 지켜봐야 하기 때문이다. 할머니는 우리에게 그런 기분을 느끼게 하지 않았다. 몸이 약해졌는데도 공격해 오는 힘은 굉장히 강했고, 입은 한시도 쉬지 않았다. "요즘 특히 공격적인데, 옛날부터 그래서 나이 탓인지 성격 탓인지를 잘 모르겠네"라고 가족끼리 자주 이야기했다.

그런 의미에서 할머니는 끝까지 변함없이 대등하게 싸울 수 있는 할머니였고, 그것은 가족에게 큰 구원이었다.

할머니는 욕창이 심해져 입원했던 병원에서 세상을 떠났다. 향년 92세. 고통 없는 평안한 죽음이었다.

며칠 전까지만 해도 건강한 모습으로 병문안을 온 우리들과 평범하게 이야기를 나누었고 전날에는 아빠

스즈키 가의 상자

와 산책을 하기도 하였던지라, 갑작스러운 일이었다. 우리가 도착했을 때에는 이미 숨을 거둔 뒤라 임종은 보지 못했다.

　병원으로 달려간 엄마와 내 친구는 할머니의 시신에 매달려 "할머니!" 하고 통곡했다. 그 광경을 보고 있던 나는 왠지 웃음이 났다. 그렇게 못되게 굴던 할머니가 죽자마자 여느 할머니처럼 모두가 슬퍼하고 울다니 웃기지 않은가. 어쩐지 할머니가 '내 그럴 줄 알았지'하며 혀를 쏙 내밀고 웃고 있을 것 같았다.

　'그렇게는 안 되지!'라고 생각한 나는 큰소리로 웃었다. 엄마와 친구가 놀라서 "뭐가 그렇게 웃겨? 미친 거야?" 하고 물었다. 할아버지가 돌아가셨을 때 눈물 한 방울 흘리지 않고, "기분 나쁘니까 영정 사진을 갖고 돌아가"라고 쏘아붙이던 할머니에게 눈물의 이별은 어울리지 않는다.

　"드디어 갔군! 하하하!" 하고 웃음소리를 들으며 가는 게 어울린다. '빌어먹을!' 저만치서 억울해하는 할머니가 보이는 것 같아서 나는 더 큰 소리로 웃었다. 아빠는 그런 나를 보고 "너 정말 매정하다!" 하고 웃었다. 그래야 스즈키 가문이다.

할머니와 헤어진 뒤에도 내 삶은 별반 달라지지 않았다. 마지막으로 봤을 때 할머니는 말수도 줄고 저녁 식사 때도 그냥 거기 앉아 있을 뿐이어서 나는 속으로 '반쯤 죽었다'고 생각했다. 그래서 죽어서도 그곳에 있는 듯 없는 듯한, 지금까지와 별로 다르지 않은 존재감이었던 것이다.

그 무렵에는 아이들을 데리고 불단이 있는 10층의 할머니 방에 향을 올리러 가곤 했다. 아이들에게는 향을 올리고 종이 울리며 정좌하고 기도하는 것이 즐거운 놀이였다.

어느 날 여느 때처럼 향을 피우는 사이, 아이들이 먼저 가버리고 나는 혼자 집에 갈 채비를 하고 있었다. 할머니는 항상 불단 앞에 앉아 경전을 읽었다. 신앙심이 깊어 보이지 않았지만 부처님을 아주 귀히 여겼다.

불단 서랍을 열어보니 그 안에는 할아버지와 큰딸, 큰 아들인 아빠를 찍은 가족사진이 들어 있었다.

그렇게 기분 나쁘다고 거부했는데 사실은 이렇게 소중히 사진을 간직하고 있었구나 하는 생각이 들자 할머니의 다른 면을 본 것 같아 조금 우울해졌다. 스즈키 집안은 옆에서 보면 특이한 가족이지만, 그 안에는 남들은 이해할 수 없는 우리만의 끈끈한 정이 있는지도 모른다.

왠지 모르게 나도 향을 피울까 싶어 영정 앞에 무릎을 꿇고 앉아 향에 불을 붙였다. 신기하게도 영정 앞에 앉아 향을 피우고 있으면 말을 걸어보고 싶어진다. 나는 사람이 죽으면 무로 돌아간다고 생각해서 평소에는 그렇게 하지 않지만, 평범한 아이들을 흉내내어 "할머니, 잘 지내세요?"라고 말을 걸어 보았다.

"할머니가 돌아가셨을 때 엄마는 울었어. 엄마는 속도 없는 사람이야. 할머니, 그 모습 보고 웃었지?"라고 말하면서 할머니와 지내던 나날을 떠올렸다. 별난 할머니와의 별난 추억. 너무 심하다고 생각했던 일, 화를 냈던 일이 주마등처럼 스쳤다. 아무리 돌이켜봐도 좋은 추억은 없다.

"정말 어처구니가 없는 사람이었어, 할머니는" 하고 쓴웃음을 지은 다음 순간, 스스로도 놀랄 만큼 눈물이 쏟아져 내렸다. 왜 우는 건지 나 자신도 알 수 없었다. 셀 수 없이 많은 끔찍한 추억과 지금도 그 방에 가득 찬 할머니의 존재감, 이제는 없지만 늘 곁에 있는 것 같은 할머니. 하지만 사실은, 이제는 정말 이곳을 떠났는지도 모른다. 언제나 미운 소리를 해대는 할머니가 지금은 더 이상 아무 말도 하지 않으니까.

집에서 미움받는 자식이 집 밖에서는 활개 친다고 하지 않는가. 할머니는 계속 활개 치는 게 어울리는데.

그런 할머니가 이제 없다고? 이렇게 존재감이 넘치는데? 조용한 방에서 나는 처음으로 할머니의 죽음을 실감한 것 같다.

스즈키 가의 상자

그리고 나는 할머니를 사랑했다는 것을 알게 됐다. 할머니는 힘든 간병생활과 사별했을 때조차 죄책감을 느낄 새 없이 웃게 해주었고, 언제나처럼 씩씩하고 밉살스럽고 강인했다. 할머니와 함께 있으면 무서워하고 슬퍼하고 고민하는 내 자신이 바보 같아져서 어느새 나는 '할머니라면 이렇게 웃어넘길 거야'라고 생각하며 살게 되었다.

쓸데없는 일은 생각하지 않고, 다른 사람에게 폐를 끼치거나 기분 나쁘게 하는 것도 신경 쓰지 않고, 그저 자신이 생각하는 대로 참지 않고, 자기 편한 대로 즐겁게 산다.

할머니는 누구보다도 자기 자신에게 충실했다. 그런 할머니의 흔들리지 않는 삶은 지금 생각하면 아주 당당하고 멋있어 보였다.

지금쯤 할머니는 '거봐' 하고 웃고 있을까.

나에게는 대조적인 두 할머니가 있었다.

한 명은 손주를 생각하는 상냥하고 품위 있는 할머니, 또 한 명은 이기적이고 욕만 하는 시끄러운 나고야의 마귀할멈.

상냥한 할머니의 피를 이어받은 품위 있는 여성이 되고 싶었지만, 아무래도 나는 나고야의 마귀할멈의 피를 짙게 이어받은 것 같다. 나는 할머니처럼 현실주의와 강인한 정신력을 가지고 무엇보다 자기 자신에게 충실하게 살고 싶다. 그리고 아들도 그렇게 되었으면 좋겠다.

엄마는 내게 "할머니를 꼭 닮았네!"라고 항상 악담을 하지만 칭찬이라고 생각한다. 나고야의 마귀할멈은 죽어서도 여전히 내 마음속에 커다란 존재감을 남기고, 무슨 일이 있을 때마다 잔소리를 늘어놓는다. 지금은 그게 내 삶의 지표가 되고 있다는 생각이 든다.

결국 나는 언제까지나 할머니에게 완패다.

 ─────── 스즈키 가의 상자

─────── 이제 곧 열한 살이 되는 아들이 요즘 차갑다.

겁이 많고 응석받이인 아들은 잠잘 때 내가 옆에 없으면 잠을 이루지 못했는데, 요즘은 "오늘은 혼자 잘 테니까 저쪽 방으로 가"라고 말한다.

드디어 왔구나. 두려웠던 그때가 온 것이다. 사랑의 밀월 기간이 막을 내리기 시작했다. 이제부터 사춘기에 돌입한다.

엄마가 되기로 결정한 순간부터 극복해야 한다고 결정한 두 가지 무서운 일이 있다.

첫 번째는 상상할 수 없는 고통을 동반한다는 소문의 출산이다. 임신한 순간부터 그 불안과 공포와 싸워 나가야 한다. 내릴 수 없는 초절정 무서운 롤러코스터

 ─────── 스즈키 가의 상자

에 올라탄 듯한 그 순간은 지금도 잊을 수 없다. 출산은 듣던 것보다 더 강렬한 경험이었고, 인생에서 이보다 괴로운 일은 없다고 생각될 정도였다. 실제로 그 이상의 신체적 고통을 느낄 일은 없을 거라고 지금도 생각하고 있다.

그리고 둘째. 내가 지금 바로 직면하려 하는 두려운 것. 단순하게 말하자면 '부모로부터의 자립'이란 말이 적절할 것 같은데, 나는 내 자식이 아들이기도 해서 같은 아들을 둔 친구들과 '인생 최대의 실연'이라고 부르고 있다. 내 몸이 어떻게 되든 상관없을 만큼 사랑하는 남자와 인생에서 한 번도 겪어본 적이 없던 끈끈한 정으로 묶인다. 그리고 인생에서 가장 필요한 존재가 되어 그의 응석을 받아주다가 어느 날 버려진다.

버림받는다는 건 너무 어폐가 있는 표현이라는 걸 잘 알고 있다. 당연한 성장 과정에서 부모에게서 멀어지는 것에 지나지 않는다. 오히려 그게 없으면 걱정이 될 것이다. 그러나 나와 친구들 사이에서는 이를 '실연'이라고 칭하며 '버림받는다'고 말한다.

인생에서 이토록 누군가를 사랑하는 일은 앞으로도 없을 터인 상대와 두 번 다시 손을 잡을 수조차 없게 되는 것이 너무나도 괴로운 현실이었다. 그것도 바로 옆에 있는데.

이는 상대가 눈앞에서 사라져버리는 한국 드라마 〈도깨비〉나 〈사랑의 불시착〉을 넘어서는, 눈물 없이는 볼 수 없는 애절한 각본이 아닐까. 계속 내 곁에 있어주기를 바라서는 안 된다니 이거야말로 현실과 영계, 남북한의 거리를 뛰어넘는 단절이 아닐까.

예전에 남녀 형제를 둔 친구가 한 말이 있다. "딸은 평생 친구고 아들은 미래의 며느리에게 빌린 것이다." 그래서 아들과는 일정한 거리를 두고 의존하지 않으려 한다고 친구는 말했다. 그 말을 들었을 때 나는 결혼도 하지 않은 상태였지만, 가까운 미래에 신부가 될 입장에서 그 말을 받아들이고 "훌륭해! 자식을 품안에서 내보내지 못하는 시어머니라면 며느리가 힘들 테니까"라고 가볍게 대답했다.

 하지만 막상 엄마가 되고 나서 보니 그 말이 얼마나 무거운지. 태어나는 순간부터 다른 여자의 것이 될 남자와 보내는 행복한 나날과 그 상실. 그보다 더한 고난이 있을까. 그러나 엄마라면 모두가 이 고난을 극복해야 한다. 나의 '인생 최대의 실연'이 아들의 성장, 그 너머의 행복으로 이어지는 것이다. 그러기 위해 엄마는 견디는 수밖에 없다.

 그래서 나는 언제든 각오하고 있다.
 아들은 빌린 것이다. "저쪽 방으로 가"부터 시작해서 어느새 침실도 나누게 되고, "내 방에 들어오지 마"라는 말을 듣고 "오늘 학교에서 무슨 일이 있었니?"라고 묻는 것조차 허락되지 않는 나날이 시작되는 것이다. "저쪽 방으로 가"부터 "시끄러운 할망구"까지는 최단 시간이 얼마나 될까.
 그런 생각을 하며 아들에게 침실에서 쫓겨나 거실

에서 한국 드라마를 보고 있던 어느 날. 아들이 몇 번이나 "화장실"이라고 말하며 거실을 지나갔다. 시계를 보니 벌써 밤 11시가 넘었다. 화장실에 갔다가, 물을 마시러 왔다가 세 번 정도 지나간 뒤에야 '역시 혼자서는 무섭나?' 하는 생각이 들어 침실로 가보았다.

"잠이 안 와? 무서워?"라고 물어도 이불로 몸을 감싸고 아무 대답도 하지 않던 아들이 꿈지럭꿈지럭 일어나는 기척이 느껴졌다. "엄마가 옆에 있어줄까?"라고 묻자 "괜찮아……"라고 낮은 목소리로 말했다. 아무래도 평소와는 다른 모습이다.

"왜 그래? 무슨 일 있어?" 하고 물어도 "아무것도……"라고 대답했다. 왠지 평소보다 말투가 냉담하다. "뭐 기분이 안 좋은 거야?"라고 물으면 "기분 나쁜 거 아냐"라고 강한 어조로 대답했다. 드디어 이상하다는 생각이 들어 이불을 걷어냈다.

대화를 할 때는 반드시 손으로 만질 수 있는 거리에서 이야기하는 것이 우리 집의 규칙이라서 "일단 가까이 와서 무슨 일이 있는지 제대로 이야기하자"라고 말하자, 아들이 느릿느릿 일어나서 옆에 앉았다. 무슨 일이 있었냐고 물어도 아들은 아무 일도 없다고 우겼다. 역시 그렇다면 이건 부모에게서 멀어지는 과정의 일종으로, 냉담해 보이지만 이것이 우리 모자의 표준이 되어가는 것이라고 받아들였다.

"지금은 얘기하자고 하면 옆에 와주는데, 언젠가는 옆에도 오지도 않게 되겠구나. 그게 언제쯤일까. 최근에 혼자 잠들게 됐으니까"라고 내가 중얼거리자 "요즘 엄마가 내 엄마가 아닌 것 같은 기분이 든단 말이야"라고 아들이 불쑥 말했다.

……뭐? 방금 뭐라고 했어?

나는 너무 놀라서 아들이 무슨 말을 하는지 알 수 없었다. 아들의 양 볼을 손으로 감싸고 "무슨 뜻이야? 어디가 엄마가 아닌 것 같아?"하고 눈을 보며 물으니 "요즘 화만 내고 평소의 다정했던 엄마가 없어진 것 같아"라고 말했다. 나는 너무 큰 충격에 잠시 시간이 멈

춘 것 같았다.

나는 매일 조금씩 아들을 잃어가고 있다는 느낌을 받았다. 그것은 '성장'이라는 이름의 유아기의 상실이자, 자연스러운 일로 받아들여야 한다고 생각했다. 빌린 아들을 누군가에게 넘겨줄 준비를 해야 한다고 생각했다. 그래서 그날을 위해 엄격한 훈육을 해야 한다고 생각했고 아이를 떼어놓기 위해 혼자서 무엇이든 할 수 있게 내버려두고 냉담한 태도를 취했다.

하지만 아들은 엄마를 잃어가고 있었다. 우리는 서로 같은 감정을 느끼고 있었다.

아들의 말을 듣고 최근의 나를 떠올렸다. 확실히 화를 내는 일이 많아졌다. 이제 열한 살이 되었으니 더 엄하게 말해야 한다고 생각했고, 부모에게서 멀어지기 시작한 아들을 가만히 지켜보아야 한다고 생각해서 밀어내기도 했다. 그런 내 태도가 아들에게 이런 기분을 느끼게 했다니. 충격이었다. 장난꾸러기 아들은 집

안에 숨어 있다가 놀라게 하곤 했다. 어릴 때는 그곳에 아들이 있다는 걸 알면서도 "어? 어디 있니?"라고 소리치며 찾는 척했다.

하지만 아들이 크고 나서는 이를 반항으로 여기고 나를 괴롭히기 위해 하는 일이라 여기고 화만 냈다. 동시에 나를 버리고 어디론가 가버릴 아들에게 서운함을 느끼고 '드디어 버림받는구나' 하고 불안해하며, 그 분노를 아들에게 쏟아냈다.

나와 아들은 전혀 다른 관점에서 같은 상황을 바라보고 있었고 아들은 그저 어렸을 때처럼 나를 놀라게 하고 함께 웃고 싶었을 뿐이었다. 나는 아들이 어른이 되는 것을 두려워한 나머지 어른이 되었다고 단정 짓고 혼자 외로워하며 화풀이를 했을 뿐이었고. 늘 응석을 받아주던 엄마인 내가 어느새 어른처럼 보이는 아들에게 응석을 부리고 있었던 것이다.

나는 몹시 충격을 받아 그 자리에서 아무 말도 하지 못하고 고개를 숙였다. 그 모습을 본 아들은 나를 끌어

안고 등을 톡톡 두드려 주었다. 그러고 보니 최근에는 이런 일이 많았다. 내가 화를 내고, 우울해하고, 아들이 위로해주었는데 나는 응석을 부리느라 아들이 아직 어린아이로 남아 있고 싶다는 것을 전혀 눈치채지 못했던 것이다.

나는 아들과 마주 앉아 손을 잡고 이야기를 나누었다. "넌 아직도 어린아이로 남고 싶었던 거야. 반항하고 도망친 게 아니라 예전처럼 장난을 치고 놀라게 해주고 싶었던 거지. 늘 화내서 미안해"라고 말하자 아들은 얼굴을 일그러트리고 어린아이처럼 울기 시작했다.

나는 내 안의 고정관념에 사로잡혀 멋대로 결론을 내리고 어느새 엄마가 아니게 행동하고 말았다. 앞으로 얼마나 남았는지 모르는 밀월 기간을 잃을까 두려워서 버림받기 전에 스스로 포기하려고 했다는 사실을 깨달았다.

아들은 여전히 엄마인 내가 마음껏 응석을 받아주고 보살펴주기를 바라고 있었다. 그 사실을 알게 된 그

 ──────── 스즈키 가의 상자

날 나는 오랜만에 아들의 손을 잡고 옆에서 잠을 잤다. 아들은 안심했는지 곧 잠이 들었다.

아직 어린애였던 것이다. 그래서 조금 걱정되기도 했지만 한편으로는 그게 나를 무척 편안하게 해주었다. 아직은 엄마로 있어도 괜찮다는 말이니까. 응석부리고 싶은 만큼 응석부리게 하자. 언젠가는 정말로 부모 곁을 떠나 자립하게 될 그날까지 평소처럼 다정한 엄마로 있어주고 싶다.

그래도 괜찮다고 알게 된 것이 무엇보다 기뻤다.

내가 이 글을 쓴 게 1년 전이다. 아들은 이제 열한 살이 되었다.

그 후 우리의 관계가 어떻게 되었는가 하면, 아들은 부모의 품에서 떠나 완전히 자립해버렸다. 아들을 낳았을 때부터 그토록 두려워했던 아들의 자립. 정신을 차리고 보니 어느새 지극히 자연스럽게 아들은 조금씩 자신의 세계를 만들어갔다.

아들이 초등학교 5학년(열 살)이 되었을 때 개인 면담에서 담임선생님이 했던 말이 떠올랐다.

"아드님은 지금 너무 어리고 귀여워요. 하지만 이제 1년밖에 안 남았어요. 1년 후에는 놀랄 정도로 성장해서 어른이 될 테니, 1년 더 지금의 귀여운 아드님과 함께하는 시간을 마음껏 즐기세요."

나는 그 말을 들었을 때 '우리 애만큼은 그럴 리가 없다'라고 생각했다. 주위 동급생에 비해 몸집도 작고 노는 법도 어린 데다 무엇보다 응석받이였던 아들이 단 1년 만에 그렇게 변할 줄 그때의 나로서는 상상도 하지 못했다.

하지만 지난 1년간 아들은 주위 친구들을 뛰어넘을 정도로 키가 컸고 나보다 발 사이즈도 커졌다. 집에 돌아오면 "저쪽 방에서 게임하고 올게" 하고 서둘러 거실을 나가버렸고 같이 외식하러 가자고 해도 "집에서 혼자 TV 보면서 먹을래"라며 혼자만의 행동을 선호하게 됐다. 밤에도 아무 말 없이 목욕을 하고, 양치질을 하고, 멋대로 침실로 가서 잠자리에 든다. 내가 옆에 있어 주지 않으면 아무것도 하지 않았던 1년 전만 해도 상상도 할 수 없었던 일이다. 나는 아들이 더 이상 내가 없으면 아무것도 하지 못하는 어린아이가 아니라는 사실을 받아들일 수밖에 없었다. 이제 나와 손을 잡고 내 가슴에 안겨 우는 일은 평생 없을지도 모른다고 생각하니 조금, 아니 상당히 쓸쓸하지만 이미 그때는 와버린 것이다.

그렇다면 나는 엄마가 아니게 된 것일까? 그런 일은 없었다. 지금까지는 일심동체로 한길로 쭉 뻗은 일직선을 둘이서 걸었지만 지금은 두 직선을 따로따로 걷고 있다. 가끔 그 직선은 물결치며 교차할 때가 있다. 학교 이야기, 학원 이야기, 친구들 이야기, 전에는 걱정이 돼서 뭐든 알아야겠다 싶어서 들었는데 지금은 흥미 위주로 가벼운 마음으로 듣고 있다.

나는 나만의 세계에 더 많은 시간을 할애하고, 일과 놀이에 더 집중하며 아들 생각을 하지 않는 시간도 많아졌다. 전에는 자나 깨나 아들 생각만 했는데 이상한 느낌이다. 아들이 태어났을 때 '이제 내 인생을 살지 않아도 좋아'라고 생각하며 기뻐했다. 나를 생각하며 사는 게 귀찮았기 때문이다. 아들을 최우선으로 생각하며 선택하면 하루하루가 편했다. 조금은 의존적이었을지도 모른다. 그런 아들이 부모의 품을 떠나면 마음에 구멍이 뻥 뚫릴 줄 알았다. 또 내 인생을 살아야 하는 게 귀찮았다.

하지만 실제로 내 인생을 살아보니 어른이 된 내 인생은 상상했던 것보다 새로운 만남으로 가득 차 있었고, 상상했던 것보다 재미있었다. 어쩌면 지난 10년 동안 나도 변했는지 모른다.

가끔씩 함께 어울린다. 아들과의 그런 관계가 기분 좋게 느껴지기 시작했다. 내가 두려워했던 최악의 실연은 아니었다. 아들은 아주 자연스럽게 천천히 성장해서 자기만의 세계를 만들어갔다.

스즈키 가의 상자

그것은 어느 날 갑자기 '이제 그만 만나'란 말만 듣고 버려지는 실연과는 전혀 다른 것이었다. 함께 달려온 속도가 느려지되 흔들리지 않고 떨어지지 않는 기분 좋은 시간으로 변해가는 것이었다. 그도 그럴 것이 부모와 자식 사이에 연결된 끈은 단단해서 결코 버릴 수 있는 것이 아니다. 아들이 진심으로 도움을 청할 때는 반드시 내게 의논하고, 의논하지 않을 때는 스스로 해결할 수 있을 때다.

이제는 아들을 한 사람의 인간으로서 신뢰할 수 있게 되었다. 아들이 성장하면 나도 성장한다.

생각해 보니 늘 그렇게 살아온 게 떠올랐다.

에필로그

이 책은 스즈키 가의 가족들, 친구들, 회원들 모두가 함께 내는 책이다. 하지만 우리끼리만 아는 책이 되지 않을까 하는 것이 하나의 걱정이었다. 우리끼리만 신나고 독자가 소외당하는 느낌이 드는 책은 만들고 싶지 않았다.

그러다 나는 생각했다.

내게 있어 내 울타리 안에 있다고 봐야 하는 사람은 어디까지인가. 그 경계를 끝없이 넓힐 수 있지 않을까.

내 연재 글을 읽어준 독자들, 이 책을 읽어준 독자들은 모두 스즈키 P 패밀리의 일원이나 다름없으며 이미 내 울타리 안에 있는 사람들이다.

 ──────── 스즈키 가의 상자

언젠가 이 책을 읽고 있는 여러분을 만나고 싶다.

스즈키 가에 와서 내가 만든 요리를 먹고, 처음 만난 사람들도 뒤섞여 처음 만난 누군가의 생일을 함께 축하하고 싶다.

언젠가 그런 날이 올 것 같은 기분이 든다.

나의 스즈키 가의 상자는 앞으로도 계속 그렇게, 계속 활기차고 많은 사람이 모이는 장소이고 싶다.

그리고 나는 평생 그 상자를 가지고 싶다.

스즈키 마미코

출처

웹치쿠마 2022년 10월~2023년 9월

〈나고야의 마귀할멈〉은 〈스즈키 도시오와 지브리전〉 방문자 특전으로 쓰인 글을 웹 사이트에 옮겨 실은 것입니다.
〈언제부턴가 엄마가 아니었던 나〉는 새로 쓴 글입니다.

스즈키 가의 상자

1판 1쇄 인쇄 2025년 2월 5일
1판 1쇄 발행 2025년 2월 19일

지은이 스즈키 마미코
옮긴이 전경아
발행인 황민호

본부장 박정훈
책임편집 윤혜림
기획편집 김선림 신주식 최경민
마케팅 조안나 이유진
국제판권 이주은 김준혜
제작 최택순 성시원

발행처 대원씨아이㈜
주소 서울특별시 용산구 한강대로15길 9-12
전화 (02)2071-2094
팩스 (02)749-2105
등록 제3-563호
등록일자 1992년 5월 11일

www.dwci.co.kr

ISBN 979-11-423-0774-4 03830

- 이 책은 대원씨아이㈜와 저작권자의 계약에 의해 출판된 것이므로 무단 전재 및 유포, 공유, 복제를 금합니다.
- 이 책 내용의 전부 또는 일부를 이용하려면 반드시 저작권자와 대원씨아이㈜의 서면동의를 받아야 합니다.
- 잘못 만들어진 책은 판매처에서 교환해드립니다.